AQUARIUS

AQUARIUS

AQUARIUS

AQUARIUS

Vision

一些人物，
一些視野，
一些觀點，
與一個全新的遠景！

DRE's

指　南

To buy, or not to buy, that is the question.

自 序

一開始出版社邀請我集文成冊的時候，我直接拒絕了。

毫不猶豫。一如國二上學期的那個夏天，我向高中學姐告白，她頭也不回地離我而去。

當然，出版社的毅力遠高於一個國二學生，即便我已表明立場，他們仍不放棄，圍繞著我，我感覺到自己終於也像個美女。可是我並沒有因此而得意忘形鑄成大錯，因為我知道他們只是花心，看你稍具姿色，便靠了過來，甜言蜜語，昨晚臂彎兒裡卻抱著另外一個。我決定相應不理，但他們經驗老到，直來直往，令我措手不及，一個箭步上前，不問我價錢，即逕自報價，跟我在拉斯維加斯看過的幾個喝醉酒的白人嫖客有幾分相似。不過出版界畢竟讀過幾年書，斯文有禮得多，眼神那麼地誠懇，那麼水汪汪，讓我覺得安心，開始相信他們將會溫柔地對待我。如果我表現得可圈可點，配合度高，他們想必出手闊綽吧。想到這裡，我不禁心跳加速，他們看我臉泛潮紅，都瞇起眼微笑得露出上排牙齒，兩手摩拳擦掌著。我想該是時候了，兩造一拍即合，水到渠

成。

唯一的問題是，我並不是一個賣春的。

兩年過去，我未曾改變心意。他們一個個來，又一個個走，有的走了幾步又停下來，回頭勸我說：「唉呀，你體質異於常人，百年難得一見，是個天生的大妓女，肯定暢銷，希望你能回心轉意，考慮考慮。」揮揮手我目送他們離去，看著他們背影，心中難免不捨，我低頭掉下一滴珠淚，失落神傷，感嘆這一錯過，十年之後滄海桑田，自己終將紅顏不再，繁華落盡，人老珠黃，乏人問津。不過這種痛我能承受的。

我最不忍的是讓他們失望而歸。

他們該不會心碎得從此一蹶不振吧？

一抬頭，他們已經抱別人去了。我早知道他們是堅強的。

故事就說到這裡。《指南》最終之所以付印成冊，是在那之後的事。從故作矜持到捨身取義，全靠本人不為人知的血淚心境轉折，大抵上那是一段極端痛苦的冥想式潛能開發進程，為使自我

再次昇華。我正襟危坐手握《春秋》回想著以前在海軍服義務役時，上了船才發現那船的廁所是沒有門的，上面有排掛簾子的桿子，數十根掛鉤掛在上頭，雖然簡陋，似也能湊合著用，可神奇是，它也沒有簾子。那一整排蹲式馬桶僅以白鐵相隔，正面毫無遮蔽朝向通往浴室的走道，不偏不倚，一蹲，在眾人面前，你屎兒就嘟噹了。初次來到聖地的人，面對如此世界大同四海一家的景象，無一不嚇得渾身發抖。我陷入恐慌整整有十秒鐘之久，面部逐漸失去血色，由於狀況緊張，刻不容緩，最後不得不果決地做出痛苦的決定，拋開羞恥，為了腸胃保健而迎向自然。當時我幾乎是用首次脫掉初戀女友牛仔褲的速度脫下自己的，紀錄至今未再打破。

日子一天天過去，很快地，我還能探頭和隔壁聊天，有時路過的人跟我要根香菸，我挪動一下屁股，熟練地拿出半掛在腿上的短褲口袋裡的白長壽，他說多謝，我們四目交接，那一剎那我得到了真正的自由。

很多事情看了嫌髒，對不起祖先，做了你才發現你比誰還得心應手。

二〇一二年九月，我下海了。

指南 · 目錄

指 南 · 目 錄

【 寫 在 前 面 】

指南
閱 讀 指 南

> 極少數讀者可能會在讀完某些不帶補述的篇章後，毫無啟發並覺空虛，進而產生不悅感，對我不滿，甚至把書給撕爛，那都屬於正常現象。我們出版前已在猴子身上做過實驗，獲得了同樣的反饋。

我知道很多人不愛看說明書。

所以你的微波爐只能被用來加熱脫脂牛奶。

雖然那破機器是兩年前尾牙抽中的，停產五年的韓國製便宜機種，你也不應該小看它，它總會有一些意料之外的用途，並且全部被記載在一本圖文並茂的小冊子裡。比如它除了加熱之外亦能解凍、爆爆米花、滅菌消毒……等等。某些具有飛梭旋鈕的酷炫機型看起來更像是可以調整音量。我老婆那台就是。但我們至今找不到放唱盤的地方，就是因為當初弄丟了說明書。

　　世面上完美的說明書非常罕見，只比偉大的政治家多一點，而比日全蝕難得。少數日本貨的說明書編寫得太詳盡，好像休士頓準備發射火箭一般複雜，比方我買的第一台高級洗衣機。我按照手冊裡描述的步驟操作了十五分鐘，期待著它升空，在嗶嗶兩聲之後，它聞風不動停在原地。不放棄再試一次。嗶嗶。絲毫沒有進展。硬要說和第一次有什麼不同，那就是第二次嗶出的音調比較輕浮，像在鄙視我的智商。五年後我換了一台美國貨，它的說明書寫得特別簡單，我如釋重負，頓覺美國人做事乾淨俐落不拖泥帶水，心裡正感歡喜，翻開仔細一讀，原來那是因為美製機型根本沒什麼功能可寫。

　　劣質說明書充斥文明社會已久，可是沒有人去責難。追根究柢，我想理由不外乎是中國自古為禮儀之邦，國民特別重視禮義廉恥的緣故。人家向我們說明，我們怎麼還好意思去責難人家呢？禮貌上說不通。所以我指派了幾個無禮的法國人放手去調查這件事。

　　在他們向我匯報之後，有了初步結論。我認為，第一，不要找法國人，他們收費偏高，又喜歡罷工，所以這本書出得晚，賣得貴，完全與我個人無關。第二，人機介面設計極端優良的產品其實並不需要說明書，它卻還是不計血本送你一冊，估計安的不

是什麼好心眼。原來「說明」其實是說明書的次要目的，它主要的用途是推卸責任。我反正是附上了，你看也好，不看也可；看懂了也行，看不懂也罷，總之未來出了什麼紕漏，就是你家的事了。誰教你不仔細閱讀廠商卸責書，不不，使用說明書呢？所以我特別地在這本書加了這章節，你必須閱讀完並勾選同意遵守之後，才可以進行下一步。

使用本書前你有幾點事項要注意：

第一是不要照著書上寫的做。當然不包括這一條在內，不然邏輯上會出問題。

盡信書可以開啟光明的人生，也可能產生嚴重的後遺症，這本肯定是後面那種。我的人生經驗告訴我，成年人不需被過度指引，我若以老師姿態編寫典型的指南，教大家跟著走，最終你們只會和我差不多平凡。因此建議各位在閱讀指南的時候盡可能獨立思考，發展出屬於自己的道路。此外，書中某些篇章假藉A議題為題，內容重點卻在講述BCDEFG，文不一定對題，那叫特色，並不是美術編輯排錯了版，請不要責怪他們。

第二，量力而為。

　　每篇文章我都試圖傳達一些觀念與概念，有時我會在文後新增幕後章節補述，有時候不會——淺顯易懂的文章就不會。因為它已經很淺了，我拙劣的語文能力無法再將它解釋得更淺。於是極少數讀者可能會在讀完某些不帶補述的篇章後，毫無啟發並覺空虛，進而產生不悅感，對我不滿，甚至把書給撕爛，那都屬於正常現象。我們出版前已在猴子身上做過實驗，獲得了同樣的反饋。

　　第三，書中可能不定時出現些許不雅字眼。

　　它就像炒飯裡點綴用的青豆，不管你喜不喜歡，上桌之前已經攪和在裡面，我感到很抱歉，可是來不及了。但你隨時可以施展以筷挑豆的技法，自行利用刀片把看不順眼的字挖去，來符合你要求的清潔度。

　　最後，附上一份獻禮給挑食的青豆不適症者：

　　這一行留給你，他媽的，練習刀法用。

　　祝各位旅途愉快。

相機
購 買 指 南

> 總之一定要想盡辦法把相機弄得很大，弄到舉不到五秒手就抽搐顫抖的程度，才能散發出最完美的專業氣質。情況允許的話，應盡可能把充電器也裝上去。

我的部落格會寫到攝影，並不在計劃之中。一個多月前，隨手寫下相機相關文章，曝露出鮮為人知的才華，並獲得了廣大的（超過三人的）迴響，為本部落格創立一記嶄新的里程碑。為了紀念這個偉大的日子，照慣例立即規劃新單元──攝影系列專題，預計將會連載二十年，每五年寫一篇。

張友驊可以從軍事財經政治美食聊到外星人，包山包海，我寫攝影有什麼問題嗎？

攝影系列專題第一課，買器材。俗話說得好，工欲善其事，必先利其器。這讓我不禁回想起國小參加作文比賽，若以此為論說文題目，十人之中必有八人以該俗語破題，可見我多年來並沒有什麼長進。回到正題，日本料理師傅持本燒生魚刀，畫家拿

Raphael松鼠毛水彩筆，兩者作品乾淨俐落不拖泥帶水，道出利其器之重要性。

但拿給猴子用是一樣的。

從前有部卡通叫做《無敵龍捲風》，心連心，體連體，神龍配鳳凰，才能發揮出最強戰鬥力，寓意極佳。攝影也是，必須要能駕馭器材，達到人機一體，人比機強的境界。

機比人強則會有一些後遺症——當我們偶爾憑實力拍出好照片時，人家稱讚的竟是相機。這感覺實在很不爽，好像另一半讚美你保險套上的顆粒螺旋設計佳一樣。但換個角度看，當技術不佳時，我們更應該買台好相機，至少人生中還有個點可以被人羨慕。

精密的自動器材提高了攝影工作者——尤其是運動記者，盲拍的成功率，著墨於多點對焦、動態追焦、連拍性能、防水防塵、Blah blah blah……機身上有一萬顆按鈕和五百個轉盤。男人天生無法抗拒這種職業級器材的吸引力，不管是不是真正需要。而且它不貴，很容易攻頂，買得起挖土機，誰還想用鏟子呢？幫唸幼稚園的小女兒做自然科學作業種綠豆，也要把挖土機開出來，才

像正港的查甫人。

　　專業機具都有催眠／催情的效果，讓旁人和自己看了都覺得專業了起來。它上手很簡單，切到P模式，按下快門就可以了。進階一點的再轉轉變焦環，若有所思地Zoom-in-out一番，幻想自己是布列松。拍攝時，無論光線明暗空間大小，鏡頭一律接大支的就沒有錯，同時閃燈、垂直把手、遮光罩等標準配備一樣都少不得，少了你的專業感便要向下掉一大級。總之一定要想盡辦法把相機弄得很大，弄到舉不到五秒手就抽搐顫抖的程度，才能散發出最完美的專業氣質。情況允許的話，應盡可能把充電器也裝上去。

　　畫素的部分不用說，最好有一百億畫素，這道理很好懂，我就不再詳述。買車就買五萬匹馬力的就對了。

　　鏡頭採買是較麻煩的環節，特別是這幾年多了不少新詞，比如「鏡皇」之類的，基本上就是旗艦的意思，但發明鏡皇兩字的人又更上了一層樓。「旗艦」（Flagship）僅表示指揮官／艦隊司令所在之艦艇，而「皇帝」一詞才能代表後方的最高統帥。

　　「鏡皇」的特色是光圈一定要大，要有奶油般的無敵散景，

二線性的不行；發色要濃郁，階調要豐富，銳度要利，立體感要足。最重要的是價錢要最貴。否則這鏡頭絕對拍不出「毒照」，想參與「蓋大樓」，恐怕要有「被砲的準備」，因為這種照片成像「很鬆散」，「大大」們看不慣。它的「開箱」過程也格外重要，你得先秀一下這新進的高檔貨，順便連發票也拍一張，展示展示財力，然後才拿鏡皇去巷口隨便找個麵攤或燈籠什麼的拍幾張，上傳後請網友評鑑一下。大家一看這是鏡皇作品，評價自然要不一樣。顏色如果誇張，那就叫立體，麵條都快從畫面飛了出來；若飽和度過低，那叫自然，不但有底片味，還兼具滄桑感，燈籠顯得格外孤獨，觸動心弦。關鍵是你用Nikon，就一定要貼在Nikon版，才能一面倒地被讚許。當然，別忘了假裝謙虛說拍得不好，「傷了大家的眼」，請大家見諒。這樣做能使你獲得最多掌聲。

鏡皇又可以細分為定焦鏡皇、變焦鏡皇、微距鏡皇，再演變出人像鏡皇、旅遊鏡皇、全幅鏡皇、APS-H鏡皇，APS-C鏡皇、平民鏡皇……種類之多，經常讓人無從下手。所幸資訊發達，幾經掙扎與八方探詢，再親臨賣場完成一百二十次測焦，好不容易買下了萬中選一的那一顆，總算可以好好開始拍照了。

且慢，請稍安勿躁。

　　別忘了你焦段還沒「補足」，痛苦才正要來臨。集滿「大三元」之前，汝必將食不下嚥，日如行屍走肉，入夜輾轉難眠。這段日子真他媽簡直比第一元入手之前還難熬。

　　數月乃至一年後，不顧一切的你，為完成終生夢想，刷卡欠債，總算將三元湊齊，原以為從此高枕無憂，怎料新煩惱竟接踵而至：「月底要去歐洲旅遊，請問我應該帶哪一顆鏡頭比較好？」

　　好吧，正確的解答是，專業的人，一定要全帶的。如果你也不知道穿哪一條內褲坐飛機比較舒適，那就順便全穿上吧。

　　鏡皇們視品牌和品味不同而有或金或紅或藍色的橡皮筋標識，彰顯其不凡，可以說是「鏡頭很利」的保證。但徠卡老式鏡又不是那麼一回事。那種你搞不清楚哪一回事的，就叫做經典。有著「徠卡味」、「通透」、「空氣感」等雞巴毛，不消說，當然要比日本鏡皇貴三倍。產量少的，貴五倍。New in box的絕版貨，再貴十倍。一貴到匪夷所思的境界，專業感又來了，買來供在佛桌上也可以。35mm Summilux和Summicron一定要收，專家說每個版本都是M卡口經典中的經典。俗稱發霉玉的發了霉的八枚玉（註），霧化爛掉鍍膜洗到脫皮也比福倫達新鏡酷多了。

　　第二年開始，相信你已對攝影有了基本的認識，知道轉轉變焦環和布列松是沒有關係的。也知道去了巴黎拍回來的「淺景深」照片看起來跟去八里沒兩樣。是，你已非昔日阿蒙。你開始學會吹噓定焦鏡的畫質，也終於養成了上網找資料的習慣。某個星期日，你一如往常地盯著電腦逛著找著，一隻白鴿輕輕跳躍至窗台前，不知打哪兒來，縮著脖子歪著頭傳出熟悉的咕咕聲陪伴著，你悠閒地開啟網頁，傳來的畫面竟令人震驚。一直不願面對卻終究到來的惡耗，你顫抖著身體，熱淚盈眶無法自已，握不住手中的咖啡杯，任由它掉落地面，falling to pieces。迸散的碎片在眼中看來像是慢動作一般，鴿子振翅飛去，留下隨風飄落的一葉白羽。四周一片寂靜——除了繚繞的玻璃破碎聲。白羽落在窗前停止的瞬間，一切都凝結了下來。

　　「幹，出新機了。」

　　你帶著內心的悲慟與傷痕，繼續苟活著。有卵蛋的，二話不說殺去博愛特區，重啟光明的人生。但你這個鴕鳥心態的俗辣，選擇閉起眼睛，終日企圖說服自己，舊機已經夠用了。

　　大佬，這不是夠不夠用的層次，而是爽和不爽之間的選擇題啊。這是數位時代的宿命。

　　五年過去，你終於長大了，逐漸成為成熟懂事的攝影男人。如果你還保持著當初對攝影的熱情，我想135單眼和旁軸已經不能再滿足你。你應該要反璞歸真開始故作浪漫地迷戀120、TLR，或Barnack底片機，享受自找罪受、自作孽、自宮的痛快。沒有經過這關，你永遠都無法成為攝影真男人。這很玄吧？一定要先自宮，才能成為真男人。

　　有一天當你終於不再以攝影為人生目標，不再有體力上山下海等大景，不再有人想看你那些爛相⋯⋯轉向純粹為把玩而購買，成為不折不扣的器材控，那麼你就可以開始邁向收藏家之路了。你將視數位器材如糞土，不再過問新機資訊。到了這個階級，我們所應該做的是把不懂欣賞大師作品的老婆小孩撇到邊兒上去，將時間金錢統統投資在全新或近全新的古董相機上，內外都必須是原裝的，總之就是要在eBay達「MINT-」級以上。「EXCELLENT+++++」的還不行，這就是英文結合數學符號的巧妙處，準藏家要謹慎學習，才能分辨「超屌的+++」和「棒到靠北-」究竟是哪一個比較好。收藏級的東西是不能拿來用的你知道吧？也就是說你買了一些不能用來照相的照相機，而它們比可以用來照相的照相機貴了一百倍。

　　最後，你終將踏進拍賣會，當走到了這一步，我已經沒有任何

東西可以教給你了。你唯一要做的事就是賺錢和舉牌而已。這已經是8-4關，離破關畫面不遠了。切記最後的法則，收藏名牌相機和收藏名牌手錶是一樣的，數量少的價格高。許多產品因推出後不受歡迎或設計瑕疵而退場，產量稀少。這種爛貨十分具有增值潛力。

既然能打到這一關，我想你已經不需要我再提醒，拍賣會上標來的物品，不要說不能用，連摸都不可以摸。像你那樣，把相機永遠鎖在保險箱裡，徹底隔絕光害，就是很棒的環境。不過建議你還是把保險箱抬到地下室B5，這樣才好確保溫度維持衡定。濕度過與不及也都會損傷器材，只能自求多福了，平安起見，你可能會需要把除濕機帶去鎮瀾宮過個爐。

我個人認為最妥當的收藏方式莫過於把保險箱射去外太空，連空氣也一併隔絕。

「寶傑，但是呢，我必須說，我提供的這些，那麼所謂的攝影器材機密採購弊案文件，只有三個人看過。一個已經死了，一個就是我本人，另外一個，那麼，很抱歉，這個人是誰，那麼我不能講。」

　　註：八枚玉，五〇年代Leica傳奇銘鏡Sum micron 35/2.0的暱稱。六組八片對稱式光學結構，大量使用低色散鑭玻璃，一般認為其成像呈現出獨一無二的Leica特色，一九六九年停產後經市場長期炒作，現為Leica二手價格最高的鏡頭之一，唯因年代久遠，品相良莠不齊。

Behind the Scene

相 機 購 買 指 南　　幕 後 花 絮

> 我開始想挑戰一些新事物。在乘駕帆船環遊世界與寫部落格兩者之間掙扎許久，終於選了後者——它看起來比較新潮，而且我沒有帆船。

　　〈相機購買指南〉是我此生寫下的第一篇「購買指南」。那年日子過得頂舒服，食物不虞匱乏，我於是開始想挑戰一些新事物。在乘駕帆船環遊世界與寫部落格兩者之間掙扎許久，終於選了後者——它看起來比較新潮，而且我沒有帆船。這篇指南就是當時為了維繫部落格生命而寫的文章。那時我的部落格很小，僅在朋友之間流傳，平均每個月進站人次約五人。其中兩次是我自己。

　　當下寫文章時的動機與過程我當然已經記不得，但是編輯部認為我現在必須編出一套說詞來，增加篇幅，好對花錢買書的你們有所交代：

「沒有錯，我當初肯定是對數位相機時代，人們追逐各式新型攝影器材時，那股莫名的傻勁兒有所感觸。」

將甫從加拿大競標回來的古董鏡頭放回辦公桌，我靠著椅子閉著眼，憶起不堪回首的相機路。我們就像群前仆後繼的旅鼠一般，著了魔似地盲目前行……

由於出發得早，我跑在旅鼠大隊的領先集團，整個隊伍像是一列火車，我跟著前面的跑，後頭的又跟著我。大家不時交頭接耳，煞有介事地交換旅途資訊，其實我們方向感不大好，經常迷路，但都不好意思説出來。一路上大夥翻山越嶺，暗自較勁，表面稱讚對方腳程快，可心裡誰也不願意輸。最後跌跌撞撞來到海邊。生平第一次看到海，我明白那將是一個截然不同層次的障礙，不可貿然前行，楞了一會兒，還來不及反應，頭幾隻竟然已經跳下去了，後來又浮了起來，不過肚子是朝上的。我猜他們不是死了呢，就是學會仰式了。我決定停下腳步，可是回頭一看，後方集結的數量與速度實在驚人，所有人都以為到了終點，擠出最後的一絲氣力衝刺起來。我揮手阻止，請大家冷靜，make a U-turn，後頭的鼠群卻不斷推著我往前，我開始驚慌了起來，大聲喊著：「不！不！」

像我這麼有教養的紳士。絕不能光著屁股游仰式，讓鼠蹊部公開。

「不！不！不……」

從睡夢中驚醒過來，滿頭大汗，我穩住心跳，連忙將購買相機時常見的奇特現象拼湊成具有警世作用的消費指南一篇，它原本的標題是〈攝影器材購買指南〉。完成後我將連結寄給從事攝影工作的年輕友人，期勉他引以為戒。他回覆我：「字太多，看不下去。」我不禁為此感到些許挫折，但隔天便忘了，有時我甚至忘了我有一個部落格。

一個月後我又寫了〈汽車購買指南〉，看了覺得標題簡潔，才回過頭去將〈攝影器材購買指南〉改成〈相機購買指南〉。另一位閱讀零障礙的好友周蒼松讀後將兩篇指南放上微博，不料一傳二，二傳三，逐漸蔓延開來。那是我生平第一次感受到社群網路無遠弗屆，野火燎原的傳播力。同樣，要不幸幹了什麼壞事，很快也能傳開，完全是一項弊多於利的科技。

〈相機購買指南〉隨後因各界無私推薦，成為國內攝影同好必

讀的特殊教育講義，至今已超過五十萬人次瀏覽。

　　而我始終不願意使用微博。

汽車
購 買 指 南

> 記得，在三十歲以前，有個性就很吃得開了。三十歲之後，有個性但沒錢，你還
> 是要吃屎的。

　　雙B、雙B、雙B。這是基本門檻，低於這級數的爛東西，最多
只能被稱為裝著輪子的椅子而已，泡不到馬子的。說啥？你不泡
妞？那買車幹嘛？買張悠遊卡去啊。

　　買車，我經驗多。

　　我生活周遭的親朋好友以及親朋的好友們只要有人準備買車，
大概都會來徵詢我的意見。我就像是森林裡的長老，不厭其煩地
解決大家眼前面臨的無聊問題。特別是汽車的問題。

　　我開車行？做業務？當教授？

　　都不是。

肯定是我長得特別像金城武吧。

古有明訓:「能者多勞」。意思是說,人家問你問題,是看上你的才能,是給你面子。所以請儘量在我最忙的時間來找我麻煩吧,不用客氣。弄久了,次數多了,說不準哪天我心情特好送你一台,要不就是揍你。這是一個二選一的賭注,你自己衡量衡量。

買什麼車,第一要看你是什麼年紀。大學生有車開就應該心存感激,對於那些找爸爸出錢買車的,我不願意提供任何意見。

這種意見,我只願意提供給我爸爸。

如果你還年輕,財力不足又打算自費買車,搞復古是很好的方式,比如VW Golf一代或T1。它讓你看起來特別有個性。記得,在三十歲以前,有個性就很吃得開了。三十歲之後,有個性但沒錢,你還是要吃屎的。

買一輛復古的性格派的車子,最大的優點就是不管怎麼樣都可以把它說成是有個性。省點錢去Yahoo拍賣找台手排加手搖窗的基本款最好,不但價格便宜,你說它有多性格它就有多性格。跑

得快不快並不用去計較，我們，是比性格的。選購的要點就是年份要夠老，半老不老的最要命，BMW E36看起來很寒酸，而再老一點的E30和E21就棒了。但開這種車你隨時要有拋錨的準備，所以最遠開到陽明山就好，九份就算了。當然如果你住基隆的話就另當別論，看文章自己要舉一反三，不然這樣我很難寫。

買到了破銅爛鐵後，我們可以參加社群，不過最好的方式是自己成立一個，因為「會長」聽起來比較大，即使成員只有你自己一人也無所謂。現在你知道台灣為什麼不想去跟中國搞什麼統一了吧。有些人成立社群之後，會自作聰明，為自己的社群印製名片，那是多此一舉，這種鳥名片打出去，場面都沒了。如果你非幹點蠢事不可，最多弄個電腦割字的卡典希得貼車上就好，至少跟人家尬車起衝突的時候，對方瞥見貼紙會以為你撂人很快而不敢扁你。這錢也就算花得值得。

雖然根據經驗，社群成立時間一長就一定會有一些白目來加入你，和這些人聊久了你也就很可能慢慢變成白痴，最後為了白目成員間與白痴團體間的衝突而悻悻然解散社群，但這總比社群沒人參加而自動死亡來得有面子。

有點錢的話你的世界就不一樣了。

雙B！

這絕對是你最先要考慮，也是唯二要考慮的品牌。

「有雙B最牛B」。雖然大陸並沒有這句流行話，但搞不好你買了之後就有了。雙B不管是哪個B都好，它就是身分地位的象徵。倒也不見得是它最好，而是它最容易看懂。以BMW來說，5就比3厲害一點，7又比5厲害。Benz的話就是大台的就厲害了。幾十年前最厲害的當屬麵魯300SEL，開這車等於是拿到了富翁證一樣，走個路下巴都飛起來了。

後來有段時期，就像吃土司要塗康寶草莓果醬，有錢人一定要開300SEL。雖然也有一些人塗乳瑪琳，但總是沒有果醬那麼普遍。500SEL又是另一個等級，通常是搞貿易或開工廠的大老闆，或是像胡瓜這種趴數的當紅藝人才有可能買。不過這就不重要了，提這些只是讓你知道麵魯在台灣的地位有多高而已。

BMW因為也有一個B字，且品質價格直逼麵魯，也就跟著牛B了起來。Audi當年連顆蔥花都不是，並不是A就比B強，否則現今牛B一詞很可能就叫牛A了。

早期另一個稍能擠上枱面的進口品牌是Volvo，讀音否嚕否。話說BMW雖然也有咪拎的暱稱，但多半只有本省籍人士使用。一般較為流通的唸法還是以BM打不溜為主。否嚕否因為形象比較不流氣，受到醫師喜愛，當年也瓜分掉了一小小塊高級車市場。不過這也不重要，只是我剛好回想到而已。

現在進口品牌多了，選擇更難了。但不管市場如何消長，唯二屹立不搖的，就是雙B。中古車市最火的，折舊最低的，也是雙B。原廠和坊間維修體系最完整的，還是雙B。

有雙B最牛B。

我們知道德國是世界上重工業最強的國家，它不是只有辣椒膏強而已。而雙B來自哪裡？剛好就是德國。光憑這一項，其他車就已經輸在起跑點上。日本是做A片的，做出來的車能算車嗎？從前我工作的環境滿是來自世界各地的菁英，其中德國工程師們最讓我欽佩，他們白天工作雖然一板一眼，但晚上都在喝酒把妹。喔不，老天，我應該反過來講，我認識的德國工程師們，雖然也喝酒把妹，但白天工作起來可真是一絲不苟。螺絲該鎖幾磅就是幾磅，罩杯也都是選E以上的。

其實美國才是汽車工業第一大國，但美國車感覺起來就顯得老氣，沒有時尚感。我有個非常要好的同學在GM總公司負責Buick品牌策劃，讓我非常心疼，我覺得把助曬劑賣給黑人都比這個來得簡單。美國車當中雖不乏一些好車，但它畢竟還是美國車。如果你去唸了我弟當年唸的景文還是開南什麼的，功課再好，人家依舊是把你看成壞學生。品牌形象深植人心之後，一時間扭不過來的。

即使凱迪拉克CTS-V可能比BMW M5更好，你還是應該多花兩萬美金買M5。5已經不得了了，前面又加上一個M，我都不知道該說什麼才好。而事實上我的確也不知道這一整段亂寫的該怎麼收尾才好。

錢不夠多又想買雙B怎麼辦？當然就要貸款了。可惜這一篇並不是貸款指南，沒有辦法免費幫你深入分析貸款的方式。我只能以回饋社會為由，透露一些技巧給你。去把你媽的房契偷出來，再騙你馬子當保人就行了。但現在的馬子好像沒那麼笨，這也就是你更需要開雙B的原因。如果你連頭款都湊不出來，也絕對不要灰心。總之雙B是買定了，船到了橋頭它自然會直。若是沒有這個決心，很可能你就得去買現代汽車了。

我們可以有所取捨，像是排氣量和馬力這檔事兒就無須太過計較，塞在引擎蓋底下的誰也看不見。汽車精品店應該都有販賣各廠牌鍍鉻銘牌，不然號稱應有盡有的Yahoo拍賣也會有，只要花上新台幣150元，你的愛駒就從中古E200變身成為E63。

不用擔心被朋友拆穿內裝的不同，沒幾個人真正坐過E63，就算有，那八成也跟你一樣是輛假的。如果你還是覺得風險太高，那換貼E550好了，肯定安全，不要自作聰明貼成GT-R就好。

再來，我們心態要健全，買二手車一點都不丟臉，汽車又不是啤酒，還算一手兩手的。何況網路上每台都說女用一手車，並且車主清一色都是醫師娘，只是很奇怪A柱上常出現菸疤，腳踏墊下面還有檳榔渣。但沒關係，你已經邁向雙B之路，前一任車主就算是流氓，也改變不了你即將開著雙B載林志玲浪跡天涯的事實。

二手車的門檻不高，不用害怕，再高也就曾志偉那麼高。最容易出問題的一環在於旁人七嘴八舌的非專業意見。理財專家說車貸不應該超過月收入的1/5還是1/10還是多少的我也記不得了，所以他是理財專家不是汽車專家嘛。不信你去承德路上問問那些理小平頭賣二手車的汽車專家，沒有人會這樣說的。那到底車貸

應該低於收入的幾分之幾才安全呢？如果你這麼注重安全這兩個字，當初就不會買Toyota了。我就當做你沒問，不然我又得去Google一下才行。

選二手車雖有林林總總的眉角，最關鍵的其實是運氣。看車之前不妨翻一下黃曆，找到上面有寫本日適合買雙B的那天就妥當了。

有些人個性低調，不喜歡車子太招搖，這種人就不適合買雙B。像我就是。

我個人喜歡買飛機。飛在天上，任誰也不知道飛機裡坐的是誰。但說了你們也不會相信，那我就不提潛水艇的事了。

滿街跑的車最不招搖。我不費心寫，你也不必費心選。站馬路邊兒上隨手攔個計程車，看是什麼型號，明天訂那款式就成。

其實除了雙B，還有不少廠牌也做得很不錯，像是保時捷和法拉利。保時捷也是德國的，法拉利好像是義大利的，他媽的做肉醬麵的也跑來做車了。

　　不錯歸不錯，就是貴了點。重點是有錢就可以買，選購上沒什麼訣竅。我寫起來，在深度方面也就不容易提出專業的評析。

　　這個系列應該對各位幫助很大。尤其是我這人異常客觀，頭腦比較清晰。我想這篇就暫時這樣告一段落了。如果有什麼沒寫到的，日後有空會補上；寫錯的，也會偷改。

　　這就是網路時代過癮的地方，講話不用負責的。

Behind the Scene

汽 車 購 買 指 南　　幕 後 花 絮

> 我本身年輕時曾經擁有一輛老賓士，超出我當時收入所能負擔，簽約前我卻只猶豫了兩秒鐘，差一點超越大S決定嫁給汪小菲時的速度。

　　〈汽車購買指南〉具有某種代表性，它是整部《指南》系列裡最為速成的一篇。一開始當我決定要寫的時候，漫無目的，我不知從何下手，於是毅然決然採用樂高式自由寫作手法來表現。我漫長的求學過程裡從未接觸過這種手法，於是我當下發明了它。這個重大的決定使得整部作品結構突然變得十分明朗而精簡，任意堆疊使其自然成形，成果竟與我精密計算後拼出的樂高模型差異不大——高度差不多低，強度差不多弱，而且都看不太出來在拼什麼。前後連同整理書桌的時間，只花兩個小時。有人認為這紀錄不算了不起，他要親眼瞧見我那桌子原本有多凌亂，肯定就不會這麼說了。

　　承蒙出版社抬舉，給了我機會將指南系列集結成冊，我回頭整

理，重新檢視之後，老覺得〈汽車購買指南〉寫得不大好，可是在網路上卻被抄襲得特別厲害，連賣車的也要來抄一抄。我非常恐懼，希望那些擅自竄改此文佔為己有後拼裝成彼文的朋友們，不要註明出處，免得大家發現，原來你抄得差，是因為我原文就沒寫好。

本文在描述男人的購車文化，從上一輩老頭到新一代孩子。隨著科技演進，汽車種類不斷增加，可是我們腦袋進化的幅度跟不上，購車觀念沒什麼進步。不過這也不能不算是一種幸運，男人腦容量天生只有一顆包子那麼大，倘若再塞進專司採購判斷力的組織，那負責性幻想的區塊就要被壓縮了，我們可不想有這樣的結果。

前一篇〈相機購買指南〉一文裡，玩相機的，習慣把簡單的東西講得很玄，巷子外頭愈是聽得模糊，愈是顯得巷子裡邊兒內行。而本文創作過程中我又領悟到，要反過來把一個多元的內容寫得空洞，也不大容易。估計我國有關核能發電的政令宣導，便是採用了本篇這種困難的文學技術。

我本身年輕時曾經擁有一輛老賓士，是我人生中的一個重要而不堪的回憶。當年為了找那款式，動用業界人脈，欠了點人情，

沒能找到滿意的，農忙之餘間間斷斷又尋覓兩年，一意孤行奮力不懈之下，天不負我，終以不合理的高價如願購入破車一台，超出我當時收入所能負擔，簽約前我卻只猶豫了兩秒鐘，差一點超越大S決定嫁給汪小菲時的速度。交車那天，開著車，我沾沾自喜地，想裝冷靜，可是微笑怎麼都止不住。我繞了大半個台北，回到家門口，想一想，不行，捨不得熄火，又開了出去。

男人愚笨的行為，使短暫的生命不至於乏善可陳，我其實非常鼓勵年輕朋友都嘗試去做點蠢事，失去一些，然後得到預想不到的另一些。可是你不要忘記它終究只是一件蠢事，偶一為之，適可而止。為求保險起見，你最好能隨身攜帶一個鬧鐘，使自己可以及時清醒過來。這個鬧鐘通常會是你的母親、情人或妻子，雖然它總在你迷失之前即已鈴聲大作，十分惱人，但往往因此拯救了你即將步向毀滅的人生。

〈汽車購買指南〉隱藏著幾個要點：

一、三十歲是殘酷的分水嶺。社會對一個男人的評價，隨此魔術數字出現而變得截然不同。可惜環境與制度使得那個階段的我們，幾乎都沒什麼搞頭，當年我們才退伍不久，出社會打拚沒有幾年，自以為在社會上開始嶄露頭角，有點社會價值，卻還只是

社會上的一包屎。

二、君子群而不黨。結黨必營私。

三、國家品牌與產業之間的依存關係。產業整體水平建構國家品牌，國家品牌拉抬整體產業利潤，良性循環，缺一不可。我們缺了二。

四、胸前不甚宏偉的女人用水餃墊包裝自己，口袋不夠飽滿的男人依靠汽車來裝飾。

五、二手車檸檬市場是林志玲造成的。

六、言論自由的可貴，以及其無可避免的副作用。

美少女夢工廠
葡 萄 酒 大 師 之 路　第 一 話

一旦當對方問出：「你覺得這酒好喝嗎？」那就可以放心了，高手是不會這麼問的。所以你只消説：「我覺得餘韻不長。」這種廢話虛應一下故事。誰喜宴上放的酒是能喝的呢？我還沒喝就能答了。

　　葡萄酒是世上被操作得最複雜的飲料。要能融會貫通胡説八道，不鑽研個十年八載，狗嘴絕對吐不出象牙來。

　　「不過，這是有捷徑的。讀完本書，你將增加一甲子的功力。」

　　封底簡介如果這樣寫，這書基本上就要暢銷了。所以「誇大」是很重要的。這點你一定要記起來，不然就回家喝尿吧。

　　看到沒？這裡其實寫回家喝水也可以，但一定要用誇飾法説成喝尿。一旦你秉持住這個中心思想，便已經具備了做大師的潛質。

喝葡萄酒的學問與禮儀縱然繁瑣,但在大多數的場合裡,需要會的其實也就那麼一丁點而已。而且,這是有捷徑的。我們要把時間投資在最划算的地方才能達到速成的目的。唸書就蠢了。等你唸完,人家已經開始流行喝尿了。

你瞧,我這會兒就是又以尿為主軸貫穿全文在給你潛移默化,幫助你從根本上產生成為大師的信念。捨棄我個人一生奉行的高質感主義路線,咬著牙使用穢字也在所不惜。犧牲大我,完成小你。

話說哪天要流行起喝尿,那尿的學問就大了。

為了要以最短的時間引領你成為大師,在講了那麼多廢話之後,重點的部分,不得已,我只好長話短說。

弄懂葡萄酒,不可免俗地要從接觸法國酒開始,其中以波爾多最為容易上手。這裡AOC制度最完整,酒標最容易判讀,產區風格最明顯,喇叭嘴最多。現在買法國酒很容易,大潤發品項眾多價格低廉,不必像從前一樣走進各大酒專任人輪暴洗劫。不過基本的常識還是得具備,比方喝法國酒之前最好先弄通法文發音規則。但如果你沒有時間去搞懂也不要緊,放輕鬆,畢竟我們連

中文字都沒認識幾個,還法文?總之《神之雫》和《稀世珍釀》裡面怎麼音譯,你就不要那樣唸就對了。這是我給你的第一個忠告。

　　一開始,知識可以不足,但架勢一定要夠。有了這個觀念以後,在學習上也就比較能找到正確的方向。自己上YouTube搜尋一下,學學人家瓶子怎麼開,杯子怎麼晃,鼻子怎麼嗅,嘴巴怎麼扭。晚上在家對著鏡子練習兩三次以免臨時失手,這部分我沒有辦法幫你。有些事是不能幫的。這也是為什麼孩子是你的。

　　我們不參加比賽,所以打籃球不求得分,但是要帥。總有一天會輪到你來表演,這時就要好好地把握住大展身手的絕佳機會,務必把它當成央視春晚來處理。即使開瓶時顧著帥而不幸失敗,也無須承認,我們可以推給軟木塞,說是品質不良或太乾,然後小心地重開一次。這回把酒侍刀換成Ah-So(註一),好順便展示咱們配備的齊全度。重開的時候就不求速度了,動作要像拆解核子彈頭一般輕柔而謹慎,弄得好像全天下只有你處理得了眼前的危機。雖然這爛攤子明明就你自己搞出來的,但一旦你一副當仁不讓,捨我其誰的態度,別人也就糊裡糊塗把你當偉人了。為了掩蓋先前失手的事實,順利取出木塞後,應立即將其破壞,剝成兩半假裝再次檢視木塞品質,以鼻子弄出嘖聲表達「果然不出我

所料」，再連續動作把殘骸丟進垃圾筒裡，湮滅證據。

　　一般烤肉或喜宴等聚會是大師實習生們最好的練習場，NPC（註二）等級相對比較低。但因為人多，難免出現些小魔王級的新朋友，所以在一開始的時候，我們最好透過對方的言談來搞清楚對方的來頭。一旦當他問出：「你覺得這酒好喝嗎？」那就可以放心了，高手是不會這麼問的。所以你只消說：「我覺得餘韻不長。」這種廢話虛應一下故事。誰喜宴上放的酒是能喝的呢？我還沒喝就能答了。

　　任何時間地點，像是「不澀」、「很順」、「有點dry」之類外行的形容詞絕對不能說出口，一說就徹底露餡兒。要真擠不出個屁話來，就隨便弄個詭異的微笑即可，對方八成不知怎麼問下去，那麼也就算過關了。當然，我們不能排除在少數的情況下跳出幾個渾蛋繼續追問你的感想，然後大家都等著你回答，這常發生在烤肉時，豬肉還沒熟又想不出什麼其他話題的尷尬時分。若不幸發生，請別慌，你得從內而外表現出準大師的形象才行。繼續保持剛剛的微笑，再加上一點搖頭的動作，邊笑邊搖邊站起來然後一邊慢慢走開。這招看似莫名其妙，但實務上成功率可達八成八，而且這時一切只講求脫身，顧不了那麼多了。不過我必須再次提醒你，這在同一個場合只能使用一次，算特殊技，建議先

save起來不用，等到快沒血的時候才按下去。

　　你不可能整晚都不坐回來。好險你有繼續看下去，不是學了個一招半式就關閉網頁了，所以你不用像其他人一樣花那麼多錢參加什麼勃艮第蜻蜓點水之旅才能成為大師。在回座之前，你最好帶著酒杯先四處遊走，找些散兵攀談，分散眾人注意力，讓其他人不知道你在幹嘛。這其實很簡單，只要你自己也不知道自己在幹嘛就行了。約莫三十分鐘後，聽到原本坐的那區開始聊起八卦的時候，就是回座的好時機了。沒有人會在這個時候又臨時插播聊葡萄酒的。至此，你已經安全抵達陣地。之後不管再有一百一千人向你請益，你都只需要裝醉：「別說了，喝吧。」

　　至少今晚你是不會破功了。

　　註一：Ah-So，一種特別的老酒專用開瓶器。
　　註二：NPC為Non Player Character之縮寫，指電玩遊戲中透過電腦程式運作的非玩家角色，例如所謂的怪物。

Deleted Scenes

葡 萄 酒 大 師 之 路　　刪 除 畫 面

> 在我們這種假裝愛喝葡萄酒的國家裡，喝葡萄酒的人最喜歡聽童話故事。許多故事明明是瞎編出來的，可是流傳開了，人人也就信以為真。你要是去揭開一些假面具，大家還嫌你多事，說原本那面具漂亮。

　　這篇文章曾經以〈葡萄酒大師之路（第二話）〉為名被短暫發布，後來我自己讀了覺得賣弄，又將它下架，打算稍做整修之後重新上市。隔了幾個星期才空出一點時間，我回到家洗完澡，故作浪漫地開瓶好酒在書桌前坐下，整理一下頭髮，讓思緒清晰。音樂很溫暖，酒也豐厚結實，像是專門為詩人打造的完美寫作之夜。幾杯白湯下肚後，提起筆果然文思泉湧，奮筆疾書，整個晚上一口氣修改了十個字。再讀一次，非常滿意，看了看枱鐘，發現時間已晚，打完呵欠伸了懶腰將文章存檔，準備隔天正式發表，我走回臥房安心地進入夢鄉。次日醒來，一如往常，陽光和煦，而我完全忘了要發佈的事，那陣子我愈想記住什麼，愈記不得，症頭持續到現在還沒全好。後來我翻查了一下網路資料，原來這病症叫做老化，通常伴隨著小便射程的縮短。經過了非常非

常久的一段時間，因緣際會之下，這篇文章重新被我發現，結果我看它更加不順眼，從此被冰凍起來。

　　直到出版社找我寫書，可是字數居然不夠，秤斤論兩賣不到好價錢，我才又將它翻了出來，當做贈品送給各位。

【葡萄酒大師之路　刪除畫面】
　　經過第一輪精實的訓練之後，相信你早已開始對外面的世界感到好奇並且躍躍欲試了吧？

　　這叫半桶水。是一種不可多得的好現象。

　　你明明連半瓢兒的實力都還沒有，卻已能越級表現出了半桶的形象，說明了你這人天生自我膨脹得厲害，是個幹大師的奇才。

　　然而在放你下山試身手之前，我希望你對相關器材能有更深層的認識，以便應付一路上可能面臨的挑戰。這要不了多少時間，《指南》強調的就是速成，特別是在我的引領之下，將知識去菁存蕪。祕訣在於先搞懂比較可能接觸到的那幾樣玩意兒，把皮毛都弄通，那麼無論人家起了什麼話題，我們都有辦法立即把球先

給接住，哈啦兩、三秒，不多，就這麼幾秒，已足以化解一場穿幫的危機，講多了，其實也沒什麼屁用，是一種浪費。好比我們來說說不鏽鋼發酵槽和橡木桶的差異吧，它們兩者之間最大的差異就是材料，一個用鋼，一個用木頭。That's it.

談器具，最方便塑造大師形象的，第一要屬開瓶器。開瓶器類型不勝枚舉，但功能都是開瓶子，並且清一色是朝瓶口那一邊開，把軟木塞給弄掉，全世界都沒有那種挖開瓶底的。這設計上的巧合引起了我的興趣，花了不少時間去了解，最後也確實理出了一些頭緒：原因我想是因為，瓶底嘛，它比較髒。

移除木塞是一項重大儀式，像是解開女性內衣背扣，要虔誠而優雅。正因為有這些技術上的要求，而成為你裝模作樣的特好時機，得好好把握，切勿草率行之。在面部表情方面，我們不能因經驗不足而露出一副沒見過世面的鳥樣，愈是慎重其事，對方愈可能察覺你的不安。因此你應該以輕描淡寫的儀態來掩飾緊張並強化突顯技法之純熟，但絕不可輕浮，尤其忌諱挑動眉毛。我明白你在開啟成功的那一刻有多麼想吹起口哨，可你千萬要忍住。

接下來我將介紹幾種主要的開瓶器讓你認識：

最早的開瓶器是根豬尾巴鑽子,一端帶有木柄,約起始於十七世紀。洛可可藝術享樂主義思想下產生的萎靡後遺症,使人們發明了酒與瓶塞,卻沒有同時設計出槓桿式拔塞器。經過二十三年,這失敗率極高的開瓶法,才因為某個發明家在復活節的餐桌前開瓶失敗,毀掉一頓燭光晚餐,而獲得了改善。

他日以繼夜不眠不休發明了人類史上第二種開瓶器,前後耗費兩年零七個月,推翻四十二種設計。研發的頭兩個月,他辭去工作,並且賣了一頭牛,籌措到一點基本資金,讓全家生活得以維持,可是過不了多久便將存款耗盡。一年後,他的房子遭到銀行拍賣,體弱多病的妻子也在他即將成功的前兩星期,因久病纏身,撒手人寰。這位偉大英國發明家叫做沃特·塞考夫,是我捏造的。

絕對不會有人知道他是誰。高興的話你也可以自己編一些故事,比方說台灣幾個騙吃騙喝的葡萄酒小說家兼推銷員可以嗅出葡萄酒的vintage與terroir,卜卦一瓶酒將在五十八年零三個月之後達到頂峰,正負兩天,之類的格林童話。在我們這種假裝愛喝葡萄酒的國家裡,喝葡萄酒的人最喜歡聽童話故事。許多故事明明是瞎編出來的,可是流傳開了,人人也就信以為真。你要是去揭開一些假面具,大家還嫌你多事,說原本那面具漂亮。

因發明開瓶器而「真正」名留青史的人不多，來自德州的工程師Herbert Allen是最牛的一位，他設計出史上最好用的開瓶器之一：Screwpull。可惜德州撲克和德州炸雞更有名，Allen先生的成就被比了下去，沒沒無名，「牛而不B」。有這成語嗎？我也不知道，但意思肯定各位都懂，「中文有時候是很簡單的」。前些年出現的電動開瓶器應用了同樣的原理，和Screwpull一樣，使用上不需要任何技巧，是最方便的開瓶器之一，適合一般家庭主婦。

若你想要展現一點男性魅力，不妨選擇同為Herbert Allen創作的兔寶寶怪獸開瓶器，那是當今最快速的暴力開瓶工具，力拔山河。怪獸開瓶器被用於品酒會等需大量開瓶的聚會場合，龐大而笨重，並沒有哪個傻B會隨身攜帶，因此你要是隨身帶著它，很能彰顯出粗獷的氣概。當然更可能就只是單純被當成一個傻B而已。

一般家庭常見的開瓶器是像前頁這種蝴蝶形，因為圖片版權以及印刷成本的關係，我們拿掉了精美跨頁3D彩色圖片。蝴蝶開瓶器常見於生鮮超市和士林夜市。它不但尾端能被用來開葡萄酒，上頭旋把處還能開啟瓶裝汽水，頭尾兩種功能合而為一的巧思乍聽之下確實是沒什麼不了起，我仔細把玩之後才發現其中玄機，

這便是你必須學習的技術——難的是以尾端開酒的同時，用另一頭開汽水，好節省時間。除此之外，並沒有其他強而有力的論述能支持你購買這種開瓶器，尤其它行程過短，開啟長塞失敗率偏高，而且螺旋通常太粗，容易崩壞木塞，不建議使用。可我為什麼還介紹它呢？我介紹它的目的便是要你去批評它，有時我們必須不斷地藉由批評他人來表明自己比人家聰明，特別是當我們實際上比人家笨的時候。

真正大師級的朋友，都擁有一種由兩根鐵片組成的巧妙裝置叫做Ah-So，在我們的電子書版本，你可以點擊「這裡」連結至FBI獲取圖片資訊，不過我們目前不會推出電子版，FBI也沒有這種圖片，而且我們不認識FBI。Ah-So在葡萄酒界的地位奇高，它專門被用來解決那些被蝴蝶開瓶器開壞的木塞。一些木塞老化的老酒也非得用上Ah-So不可，所以準備當大師的人都得去準備一支。在使用上它並不像Screwpull那麼簡易，看起來技術含量更高一點，對營造大師氣氛有無比的功效。此外，Ah-So能夠毫髮無傷地將木塞取出，對無聊的木塞收藏家與假酒製造者也很有幫助。

最好用又便攜的開瓶界天王，非酒侍刀莫屬。便攜很要緊，便攜才能經常帶它出門炫耀一番。那是一堂實習課，藉由隨時隨

地公開地掏出來的訓練，使自我昇華，成為一個不要臉的人。高級餐廳侍酒師使用的多半是一支售價僅六美元的兩段式酒侍刀，因為它比較低級，可以烘托出侍酒師職業的高級，當然，它也比較好用。你或許會看到某些資深侍酒師使用綠色的，那無關身分識別，而是個人審美觀的偏差。酒侍刀品牌眾多，若以品味為第一優先，買Laguiole吧。儘管包括Château Laguiole在內超過七成的品牌早已移往Thiers，甚至亞洲生產，但有九成七八的人不知道這回事兒，正因如此你不必特別要求非買Laguiole村生產的昂貴的Forge de Laguiole不可，只要上面有一排字長得像Laguiole便成，Lacoste也沒關係。

　　氣壓式開瓶器是我要介紹的最後一款，比較少見。將木塞打穿，充氣進去，利用瓶內上升之氣壓將瓶塞推出，經常伴隨穿刺木塞後的木屑問題，顧此失彼。買一支，酒酣耳熱之際，秀出來給大家瞧瞧，開開眼界，簡單描述一下你想複雜描述也沒辦法複雜的簡單原理，待朋友們明明聽不大懂卻又頻頻點頭後，再娓娓道出其中缺點，順便停下來吃顆花生米觀察一下大夥兒的反應，等到在場人人都恍然大悟一般地對你露出愛慕的眼神，才把它收起來。

　　最後，位於法國Luberon山區的Ménerbes有座開瓶器博物館，

展出超過一千種開瓶器，一定要記得。你其實不必實地參訪，那
太花錢了，你只需要知道有這麼一個博物館就行。根據我的經
驗，每當我提到這個博物館，大家都很羨慕，以為我去過那裡。

　恭喜你又往大師之路的終點邁進了一步。

省 政 信 箱
第 零 期

　　「省政信箱」原是台灣省政府委託台灣電視公司所製播的公共服務電視，用以讓省政府利用自問自答之類的老招數加減做點政令宣導，去預防腦筋比較好的民眾真的對政府產生疑問，一搞搞了快二十年，後來受騙的民眾愈來愈稀有，省政信箱便停播了，至為可惜。現在我透過網路高科技E-Mail重新打造它，完全擺脫官方色彩，保證實問實答，開放給全國使用。

　　嶄新的「省政信箱」跟省府政策有什麼關係沒有？你用左半邊屁股想一下就應該知道答案。省政府都沒有了，你還想跟它發生什麼關係呢？

　　不過省政府沒有了，中央政府還是有的。想從百姓身上榨汁擠油的時候，俺他奶奶地明確感覺到咱們政府扎扎實實還存活著。當你需要尋求保護，它是呈解散狀態的。

　這是題外話，不小心寫了。

　「省政信箱」一天開放二十四小時，因為說實在也不知道要怎麼關掉它。任何人都可以經由「省政信箱」，向本單位詢問IBM Watson答不出來的疑難雜症；本單位對某事件的愚論、對某愚論的愚論；本單位對中東情勢的判斷，對真假奶的判定；或DIY泡泡麵，徒手建造核子航母的步驟等等，提問範疇無限深淺，不分貴賤。信箱基本上是一個妓女戶，對來賓沒什麼限制。

　風雨無阻下海應召，我的墮落其來有自。幼時家父曾經訓示：做事，要做得徹底，不能半吊子。於是乎，出於服從家訓之孝心，進一步設立了「省政信箱」，邁向一不做二不休的皮肉生涯。我將不定時統整過濾問題，而後於部落格定期發文回答。唯高於我智商和低於狗智商的問題，本人乞求保留不回答之權利。學生時代我去民歌餐廳吃飯，點歌單填好，請服務生送了過去，碰到歌手不想唱的，他就自作主張不唱了，哇操老子付了錢他都不唱，那你怎會指望我一律得回答呢？

　來函使用注音文、火星文者，視同使用法文，獨享LV級貴賓規格。一百五十年後等我看懂了，會優先為貴賓解答。另外，有什

麼見不得光的合作案，也歡迎您透過「省政信箱」與我聯繫，當
然，您也是貴賓。謝謝。

相機

購　買　指　南　2　　　配　件　篇

> 垂直手把一舉增加了相機近三分之一的體積，攜帶起來很不方便，算是唯一的缺點，不過這就像乳房大小一樣，並不是說攜帶方便就好。

　　在了解到基本的相機選購方式之後，我們還要帶領大家去選配件。配件雖為附屬品，但不可謂不重要，經常，它甚至比本體還更重要。人要衣裝，佛要金裝，卸下Zegna西服、Lange手錶、BVD內衣和阿瘦皮鞋，然後照照鏡子，你不過是個癟三。續集故事大綱就是這樣。

　　一般盒裝相機內附的配件不多，考量專業形象，勢必得再花錢添些行頭。然而如何把錢花在機口上是一門大學問，學校沒有教，電視也不會演，所以人人都需要一本指南。

　　相機背帶，Canon就用Canon，Nikon就用Nikon，各走各的路；Leica附送的特別爛，大夥兒都改用Luigi's、A&A或者à la carte。這些不成文的制約，照做即可，沒有必要多傷腦筋，尤其你本來

就不頂聰明，省著點用。一般背帶上的logo都很大，高階機型的背帶會再寫上型號，低階的就不會。如果低階的寫了，就把它弄掉，不然我們相機是掛穩了，可是面子掛不住。

閃光燈在上一篇已經稍微提過，一定要買。大頭的。出力大小、有無TTL或HHS都無所謂，我們的目的是裝上去，閃不閃先不必去管它。它的使用的時機異常複雜，本來想留到〈相機購買指南〉第一百五十三集的拍照篇再來寫，可現在不寫，還真找不出其他東西能寫，只得不情願地提前透露一二，不然本續集片長可能只有兩分鐘而已。

使用閃燈有要訣：閃個不停不但耗電，而且一看就是個剛入門的菜B。請切記基本原則──不能每張都閃。至於到底哪張應該閃，那你不一定需要研究，總之就是這張閃，那張不閃，隨便閃閃又隨機不閃，務必使人摸不透，時而機上閃，時而離機閃，如此在形象方面就能從菜B搖身一變為才華橫溢又有自我主張的攝影鬼才。另外就是幫家人拍照時，在任何情況下閃燈都不要直打。應將燈頭轉向上，打個時下最流行的跳燈，順便演說一下：「反射光較直接照射來得柔和均勻，光源來自上方時在視覺上尤其自然……」靠著這個簡單的糊弄來取得全家人對你攝影功力的信賴。壞處只是以後照片裡就沒有你。攝影家是很孤獨的。

閃燈並不需要事先裝著，通常我們是抵達現場之後再來弄，因為這個動作可以吸引到一些女孩兒的目光。技巧純熟者可以嘗試加入幾個多餘的動作，讓自己看起來更像正在組裝狙擊槍的傑森包恩。也許你還能更上一層樓用毛巾蒙眼拆裝閃燈來賺取一些賞金，只是缺乏勇氣這樣做。我建議你把它看做是一門職業，一種表演藝術。一旦突破這一層心理障礙，接下來就可以表演用老二吊相機了。

而在一個絕對不需要閃燈的場合，務必記得把程序反過來。我們要在出門前就把燈預先裝好，等臨場準備拍攝時再當眾把它拆下來，表示我也有買這支神燈喔，只是我現在不需要它。同時展現了你的財富與專業判斷力，一舉兩得。

這讓我回憶起十數年前曾經買過的Sony PlayStation跳舞機。美其名為跳舞機，說穿了只是一片PVC跳舞塑膠皮。由於玩起來的動作十足像個曼谷妓男，使用一次即束之高閣。當時我有點後悔花錢買了這無用的防水布，但我弟語重心長地表示：「這一切無關好不好玩，而是當三十年後有人聊起時，你可以抬頭挺胸地說：『那個我也有。』光線槍也是。這種東西就是這樣，誰要沒買過，日後碰上此話題插不上嘴，人生可能從此遜掉。所以有點像在買保險。」我現在想起來的確非常有道理。

　　第二個配件是垂直電池手把，買副廠的就好。我們只是裝個樣子，一整天下來其實也拍不了幾張，蓄電量別那麼計較，倒是你膀胱的蓄尿量需要鍛鍊一下。手把大陸製的也沒關係，不會爆炸就行，別去相信什麼貴一級的港製品，這年頭沒有笨蛋會在香港搞工廠的。手把可以說是所有配件裡面性價比最高的一個。一安裝上去，外型就頂天了，看起來十分威猛，專業性也達到了滿格的狀態。還有什麼比方形相機更酷的？沒有了。不管是「N家」還是「C家」，「機皇」都是方形的。

　　「機皇」比起「鏡皇」又不知厲害多少倍，因為一個廠牌同時期只會有一到兩款「機皇」，而「鏡皇」則可能有三到三百種。「機皇」很好辨認，無論是「全幅機皇」還是「連拍機皇」，特徵就是那方形呈現出的豪華感。按照這個邏輯，許效舜檔次要比布萊德彼特來得高，只可惜他並不是一台相機。「某機型裝上手把後，與機皇一體成型式手把相比，密合度有沒有差？」過去我們經常看到這樣的問題，提問者無非是希望大家回答：「其實用起來差不多。」這種答案來輔助自慰，這樣他就不用多花一倍的錢去買「機皇」，也可以得到機皇般的榮耀。這樣想其實並沒有錯。如果不用力去扯它，我們沒有人會去注意到邱毅的頭髮是不是一體成型的。

　　垂直手把一舉增加了相機近三分之一的體積，攜帶起來很不方便，算是唯一的缺點，不過這就像乳房大小一樣，並不是說攜帶方便就好。

　　從某種角度來看，鏡頭也可歸類為配件，口徑愈大愈好，是恆久不變的法則。大隻佬不但看起來夠分量，也代表著大光圈。光圈是很重要的，跟車子的極速和潛水錶的防水深度一樣，用不到也不要輸在規格上。f4.0比起f2.8只不過少了一檔，「大三元」就縮水成「小三元」，足足差了有四台之多。

　　買不買保護鏡見仁見智，它就是一個保險作用而已。套上了，多一層膜，難免失真。不套則可能不小心爛掉，完全視個人衛生習慣而定，這種事外人也不好給什麼意見。倒是鏡頭筆和吹球這等零錢就別省了，自己動手清那麼兩三下，還滿有相機師傅的感覺。當然這也是在人多的時候做，感覺會特別好。數位時代你可能得多買一瓶「日蝕水」以清理「入塵」的感光元件。檢查「入塵」務必將光圈縮到f22拍五百張並放大1,000%檢視，不可放過任何蛛絲馬跡，哪怕我們每張生活照都是拍f1.4。

　　偉大的作品極有可能毀在這些李昌鈺看不到的塵點上，因此我認為添購一間防塵室來清理CCD/COMS是有必要的。如果你的鏡

頭最小光圈高於22，那最好再加購一組顯微鏡來配合檢查。

　　預算足夠的話，給相機添個腳架吧，碳纖維的。鈦合金或是聖鬥士超合金的也好，裝上去，威風。空心鋁製品則儘量避免，那跟購物台送的破爛基本上沒什麼不同，萬一被誤以為是信用卡贈品，不得了，形象可就砸鍋了。尤其腳架是所有配件裡面最大的一個，不被注意都難，多投資一點在這上頭兒也是應該的。腳架可以用上一輩子，並不會退流行，三隻腳也不可能進化成兩隻腳，從投資理財的角度來看，其實應該先買腳架，剩下的錢再拿去挑相機。

　　RF相機因為在電子性能上搞不過單眼，愛好者只得以輕薄短小低震動為傲，也因此並不會去弄一些大體積配件在機身上自打嘴巴。Leica M機是不裝閃燈的，因為少了反光鏡箱，安全快門時間容許度高，而且鏡頭群素質優秀，最大光圈即工作光圈。這個說法其實很牽強，但因為很多人接受，你也就不要去違抗它。畢竟省了一顆閃燈的錢，也是件令人開心的事。現代RF頂多裝個皮套、遮光罩和很容易誤觸的Soft Release。老機則會多出眼鏡、快速捲片器和一定會刮花軍艦部的測光表等裝飾。這其中比較有學問的是遮光罩。單眼相機很簡單，接一朵花在鏡頭前端就好了。當然，要最大朵的。蓮花就比百合花要好，不但大，還會發出祥

瑞之光，趨吉避凶。Leica則要視不同時期，配合不同形狀和材質。雖然鏡頭口徑一樣，外觀也差不多，但有的要配金屬喇叭形，有的又得用方形塑膠款，這樣才顯得你有點知識。在使用塑膠款的同時，嘴裡要不忘喃喃自語一下：「還是以前金屬製的典雅。」進一步透露出你不但有點知識還很有品味。

　　RF最棒的配件是配合不同焦段框線所使用的外接式光學觀景器。好的OVF非常昂貴，但是很值得，因為爛的也不便宜。多裝一枚OVF負責構圖，原本那個專司對焦，這特殊體位所帶來的歡愉，哪裡是LCD取景比得上的。既然用上RF，就別管速度了，杵在那兒慢慢搞，世界都浪漫了起來，好似身邊飛舞著蝴蝶，綠地一望無際，天邊還有一道彩虹。當我們進入了這個時空，臣服於自己的帥勁而不自覺微笑了起來，被路人當成傻B也無所謂了。

　　相機包也算一項配件，從小野人到白金漢乃至於LV Reporter Bag，各具特色，不過真正登峰造極的至高境地是完全不用相機包的，你應該將所有配件含相機與鏡頭全掛腰上，以便快速抽換武器，如同打CS一般，謹守下列執行關鍵：

　　一、保持行進的速度。

二、眼神直視前方。

三、不可慌忙低頭尋找所需物品。

四、遇到障礙時跳一下。

手錶
購 買 指 南

看起來似乎不很貴，實際上價格令人咋舌的，叫做低調。真的不貴所以低調的，那叫做便宜貨。

關於手錶這檔事，文化源遠流長、博大精深。老藏家實力雄厚深不見底，我幾乎必須抱著虔敬的心情，齋戒沐浴雙手合十去回顧那一切。

第一次用自己的錢買錶，大約是二十多年前的事。我清楚地記得那是一支卡西歐，「Data Bank」DBC-60。

光聽這個饒口的名字，就知道它當初多麼不可一世，戴上它的人也是。我每天都抱著錶東按西按，從東岸到西岸。那個年代，計算機手錶是詹姆士龐德才夠資格配戴的高科技武器，而我的卡西歐除了計算機，竟然還有電子行事曆。它是我所知人類史上最早的PDA之一，比較起來，雙B根本不算什麼，對於一個走在時代尖端的3C科技青年來說，擁有了卡西歐Data Bank，等於擁有

全世界。

　為了徹底發揮它的尖端屬性，我把任何想得到的生活大事都給輸了進去，像是週六晚間八點準時收看「黃金拍檔」之類的關鍵事項。不過科技總有個極限，印象中每條訊息最多只允許輸入8個英文「字母」，無論瑣事有多麼複雜，都只能靠這短短的字母排列去記錄，若你計劃星期天上午七點半去菜市場吃燒餅配二鍋頭順便看看隔壁賣拖鞋的邱媽媽的二女兒在不在，你排列吧你。這根本不可能被完整輸入，必須要靠自己的智慧將其濃縮，設計成速記密碼才行，還好從小我便以智慧過人著稱，編碼對我來說根本不成問題。問題是我記憶力不太行，設計的密碼又太精密，編完之後，過半小時連我自己也破解不了。

　另外一個超級先進的功能是電子電話簿，容量高達五十組。我的老天，五十組？那個年代誰他媽的有這麼多朋友，六票都能當班長了。這功能差一點徹底改變了我的人生，當時我的同學們都去公館買那種可以塞皮夾，封面封底有磁性，拉開來一張紙像手風琴一樣的簡陋不堪的電話本，每本十元，以便記下一些女同學的號碼和地址，而我不用，因為我早已經開始用我的Data Bank展開高科技無紙化作業。這並不是我比較奢侈，而是同學都把錢拿去買亞瑟士了。所以我可以寫手錶指南，他們只能聊球鞋。根基

影響樓高，這就是實力的差距。我當時的確是這麼盤算的。

後來我還是沒有交到女朋友。

升學後省吃儉用將電子錶升級成石英錶，想裝大人，背著長到拖地的改裝書包叼根香菸在西門町晃啊晃，因為尼古丁與錶的成熟組合，我在人群之中格外顯得拉風，是全西門町女孩們注目的焦點。她們表達愛慕的方法多是斜眼後紛紛走避，似與今日稍有不同。總之買了石英錶之後，你才知道帥字怎麼寫，不說別的，光講我跨上那台跟同學哥哥借來的偉士牌，一打檔一催油，世界都要停止轉動，連手錶都不走了。我又學習到原來石英錶也要電池。於是我決定向機械錶邁進，這個願望過了大約十五年才達成。我人生中第一款機械錶就是勞力士，那是一個不得了的品牌，知名度極高，甚至與卡西歐不相上下。看到這個「士」字，你或許和我一樣有了重大發現，原來它就是錶中的「賓士」。所有事物在冥冥之中都是有親戚關係的。那時老前輩告訴我，勞力士的品質在國內外皆享有極高的聲望，在台灣要找出一款比勞力士更高的社會地位，更成熟的機芯，更精良的組裝，同時有著更低廉的價格和更優秀的售後服務的品牌，打著燈籠也找不著。我覺得他本末倒置，都能買名牌手錶了，竟然還在打燈籠。事後我發現勞力士確實也是一時之選，它就是身分的表徵，而且真的很

便宜。三十萬你能買到什麼鳥車？你肯定買不到。但是你可以買支勞力士。「鋼迪」就已經很嚇趴了，它極可能比雙B更趴。哇操，錶還運動款的，你簡直就太有男人味了。尤其我們去夜店喝酒，雙B也不能開，這時勞力士就派上了用場，目的不言而喻，戴在手上方便你們泡妞，方便我時時刻刻提醒自己夜深了早點回家。

金錶則有風險。一個普通老百姓配戴「紅蟳滿天星」，手當然要被剁掉，它目標明顯，五百公尺之外的歹徒都能鎖定你。所以滿天星通常是跟著手槍一起成套販售，不要傻傻地以為有錢就有資格買了。你要真有意購入，建議先去刺個兇狠無比的圖案在身上，比如一條龍或一個幹字，愈大愈兇，最好刺臉上。為了避免引來殺身之禍，手無寸鐵的我們其實也可以選擇購買Citizen確保生命安全，或者是看起來其實和BM6750-08A也差不多的Patek Philippe 5565和Philippe Dufour Simplicity。後者的行為，在鐘錶圈裡，稱為「低調」。

看起來似乎不很貴，實際上價格令人咋舌的，叫做低調。真的不貴所以低調的，那叫做便宜貨。中文有時候是很難的。

低調，在鐘錶圈裡異常地受到尊重。而高調的，面盤有月亮和

陀螺的，停擺後日曆調到仆街的，或是按下去會叮噹報時的也都很受崇拜。所以基本上只要你進去了那個圈子就沒問題了。

怎麼買都棒。

熱門貨，不得了，祝賀詞不絕於耳。冷門款，了不得，讚嘆聲餘音繞梁。錶徑小的典雅，大的有型，中的經典。在攝影圈，三百美金破爛不堪的中古徠卡「M3雙撥」就能讓你受人愛戴，費用非常低廉，但鐘錶圈沒有這回事，只靠一支錶就要出人頭地是不可能的。如果你只是想快速被國高中生們尊稱一聲「大大」，攝影才是你的歸屬。

品質精良的錶，夾板上會多一些標誌，比如日內瓦印記，意義與CAS優良肉品標章大致上相同，說明錶或豬肉符合某些規範，出類拔萃。但這和錶準不準或豬聰不聰明並無直接關聯。機械錶即便基板也刻了老鷹和鑰匙圖騰。

機械錶即便基板也刻了老鷹和鑰匙圖騰，秒差碰上石英錶仍然顯得不堪一擊，複雜機芯的昂貴手錶不見得特別精準，可你別煩惱，最精準的手錶戴你手上，你還不一定守時。

而且這東西是不講究性能的，沒有人會把一千幾百萬的機械錶當工具。

那叫「工藝」。

工藝才值錢。瑞士自一九六九年以來，靠著這個說法撈到今天。日本人就像個傻蛋似的賣著廉價電子錶。所以說吃魚並不會變得比較聰明。

我們高中都有修過這種稱為「工藝」的課，鋸鋸木頭和保麗龍之類的，做出一件件垃圾來，與手錶根本就是兩回事兒。是故我們發現，教育單位從本質上進行著詐騙行為。幸而我唸的私立學校為了不欺騙我們，把工藝音樂體育課全都借給了數理老師。一直沒機會感謝他們。

人類發明手錶的主要目的，就是提醒我們下班時間已到，像這當下即是，我只能在離開辦公室前給你一點最後的忠告：「買支仿錶可以嗎？」這類問題別問出口，那是鐘錶圈大忌。鐘錶愛好者分外注重智慧財產權，他們一面看著盜版A片，一面反著仿冒A貨。我個人的建議是，支持自製機芯的錶廠，遠離精品品牌。自製機芯是一項高昂的成本，這樣的錶廠通常比較上進，工藝精

湛，山寨品外觀看似幾可亂真，其實行家眼角一瞥即可斷定真
偽。

就像你一眼看穿女明星的假奶。這種事看多了就能出師，不是
什麼困難的技術。

𝒟irector's 𝒞ommentary
手 錶 購 買 指 南　院 線 版 註 解

> 我倆軍旅生涯真正的交集只有在海軍通訊學校受訓的短短三個月，共同最慘烈的
> 出生入死就是在教室裡聽著滴答不停的摩斯電碼而已，講起來卻像一起打過越戰
> 一樣。

　　在這個版本中，我拿掉了一整段講述台灣經典傳奇錶販的章
節，改以新增生活化的內容代替。主因是我不願意將特定對象偶
發的不當行徑記載在一本書裡印刷成冊，以實體的型態被永久保
存下來，失去改過自新的機會。另一方面許多歷史的來龍去脈難
以在一篇短文裡交代清楚，不常接觸鐘錶的讀者們霧裡看花也沒
什麼意義，遂決定施以盲腸手術將其割除。刪修文章所花的時間
往往比我新寫一篇小品更長，但為使這整部近十萬字的作品盡可
能面面俱到，每篇我都重新做了程度不一的微整型。

　　〈手錶購買指南〉是一位當兵時所認識的老朋友Patrick請託
我寫的，政大畢業高材生，也是我極少數至今仍偶有聯絡的弟
兄，多數同袍在服役時都倖存了下來卻在退伍之後──消失於人

世間。其實我倆軍旅生涯真正的交集只有在海軍通訊學校受訓的短短三個月，共同最慘烈的出生入死就是在教室裡聽著滴答不停的摩斯電碼而已，講起來卻像一起打過越戰一樣。那是中華民國海軍史上輝煌的梯次，自入學開始大小考試Patrick全部拿下滿分，結訓成績他第一名我第二名。不過我課餘還抽空泡了一位女教官，所以總得分應該要算戰成平手。由於離題甚遠，詳情將會記載在我身後發行的偉人傳記裡，在此順便先打個廣告，欲購從速。結果他最終到底買錶了沒有，我已經完全不記得。

汽車

購 買 指 南 2　　改 裝 篇

> 真正的重度改裝玩家都是搞到整台車爛掉為止。它基本上就只有兩個終點——改
> 爛掉或撞爛掉，沒第三條路可選，不過也有不少人選擇了改爛掉之後又撞爛掉，
> 兩全其美。

　　我接觸汽車改裝的時間稍晚，約莫是八○年末Corrado/Civic
16V時期，一開始只有乾瞪眼的份，當年我仍以借來的偉士牌代
步。不久，我擁有了一輛屬於自己的汽車，在閱讀《汽車百科》
和《汽車購買指南》雜誌將近十五個年頭之後，開始愚笨懵懂的
改裝歲月。那也是台灣民間興起改裝風潮的濫觴。

　　那個年代，車子不改很遜。

　　改了還是很遜。

　　早期台灣雖不乏土法鍊鋼自成一格的改裝技術，但並不普及。
套件不齊全，資訊不流通。除了業者自行進口的，賽事專用的

「外匯」競技部品和殺肉引擎之外，一般老百姓在市面上所能選擇的代理商改裝品少之又少。坊間所謂的能增加50%馬力的超動力進排氣系統改裝，不過是換個K&N香菇頭和HKS尾段而已，實際效果約0.5%，但這些舶來品已經足以讓人衣錦還鄉。像我們這種窮酸的小伙子，只能去延平北路燒根土砲湊合著用，在視覺和聽覺上得到一些滿足。操控派擁護者會換「跑胎」，配上仿OZ或仿MOMO鋁圈，一般來說15吋差不多就能自詡為賽車手，換到16吋的已經可以被稱為至尊。

從前為了改一套GAB減震筒+H&R短彈簧，經常得餓肚子半年；一張Recaro或Sparco賽車椅，又是半年。這半年之中，若是手一癢弄了引擎室拉桿或350公釐方向盤之類的小配件，下個月就沒錢打撞球了。那時最怕夏天，天氣一熱我就矜持不了，撞球是忍住了，水果冰卻沒辦法不吃，錢怎麼也守不住，陷入無限期的困頓迴圈。往後的十年間，我投入在汽車的金額，佔總收入極大比例，種下惡果。我非常肯定比爾蓋茲小時候從不改車，現在房子才能比我大五十萬倍。當然我也不是毫無收穫，比起換備胎的速度，我可以快他好幾秒，姿勢也比較迷人。

九〇年初，由於幾款國產「性能車款」如霹靂馬等相繼問市並且熱賣，加上汽車精品百貨安托華進駐，使得改裝風氣在當時逐

步蔓延開來，到了後來不管是Corona還是天王星，都要改那麼一下才跟得上流行的腳步。每個少年囡仔都想加裝尾翼，沾點改裝的邊，讓車子看起來很秋。

那年頭，炸引擎是一種榮耀。

車子是爛了，但能獲得不少敬重。從此講話也就能開始林北長林北短的。

一台好好的車，我們把它搞到很鬆散，這就是改裝。愈改愈棒的情形在國內並不常見，真正的重度改裝玩家都是搞到整台車爛掉為止。它基本上就只有兩個終點——改爛掉或撞爛掉，沒第三條路可選，不過也有不少人選擇了改爛掉之後又撞爛掉，兩全其美。

混亂的戰國時代到了九七年才產生革命性變化，日製硬皮鯊進入台灣車市一統江湖，西元兩千年，平價國產硬皮鯊GT推出，適逢萬泰銀行發行借錢免還現金卡、國際油價走低，改裝市場呈爆炸性成長，一時之間，來自渦輪引擎外洩式進氣洩壓閥的噗啾聲與噗吒聲此起彼落，全省為之瘋狂，每十台撞山壁的改裝車就有十二台是硬皮鯊。無論Fiat Punto GT、Peugeot 206 S16，還是

Citroen Saxo VTS，都以幹掉硬皮鯊為己任，對照二次世界大戰，似乎日本生來就是給人幹的。

　　了解這些歷史，對你改車和聯考都沒有任何幫助，符合《指南》的精神。我下這個標題，也才比較說得過去。

　　玩改裝有另一派鍾情於暴走，重花俏大於實用，音響出力極猛，空力套件大到飛天。而除了車子本身絢麗之外，駕駛人也必須精心打扮，髮型髮色要去西門町處理到很雞歪，馬子要騷要台要穿漆皮露趾高跟鞋，腳踝要有小草莓刺青，才好融入族車社會。這種車就比較少上山，畢竟很容易在轉彎時直接轉到山溝裡去。他們一般成群結隊在市區及省道流竄，人多好壯膽，極少個別行動。由於台灣人個性含蓄，這個領域至今仍只有日本小學生的程度，沒能在國際間混出什麼名堂。

　　但並不是所有咚滋咚滋的車都屬於暴走族，不可以聲取人，音響改裝愛好者亦將低音喇叭操破表，震得內裝和內褲都掉出車外。不過搞到這種程度需要一點財力，也不是人人玩得起，絕大部分把鄭伊健〈極速〉放得震天價響的，只是將原廠破喇叭催到一拜的，改了冷光儀表板的嗑完藥的小B央而已。

開改裝車，體質會比正常人來得敏感，隨時隨地皆能偵測出鄰車的挑釁動作。改得愈大，敏感帶分布愈廣，那不是幻覺，而是人類的一種進化。但如我再三告誡的，你得記住消防車和救護車並不會挑釁你，別那麼容易發情。

改裝必須從心出發，貫徹始終。別人改ＢＯＶ，我們就換Wastegate；別人改Cam，我們就把整個海頭換掉。出門被電了，回來把眼淚擦一擦，立刻填支票訂引擎，君子報仇豈能三年，下星期就要給他死。

看看你，如果生在古代，句踐都要敬你三分。

所以停紅燈時我們也不要允許有人超前零點五奈米。不能說平時內褲不給人看，睡覺時被偷看就沒關係，這是原則問題。公道不會自在人心，要靠實力去爭取。有時候你得主動出擊，但不要以超越同級對手感到自滿，那樣顯示不出你很會跑。越級挑戰是基本的，級數差愈多愈好，愈大氣。像是Toyota Prius挑戰Lamborghini Murciélago。

只要你夠膽子踩下油門，挑戰成功的機率可說是百分之一百，因為對方根本看不出來你在加速，當然也就不會有任何反應，

在你從對方車尾向外線車道切出退檔全力衝刺四十秒後，他便不知不覺默默地被你超過去了。

　把改裝和飆車劃上等號，實有失公允，好像部落客就等於講話像放屁。然而改裝與飆車兩者確實過從甚密，時速不超過六十你學人家裝個啥F1尾翼呢？Yellow Bird（註）不比Bluebird高尚，在蹣跚過市的老太太眼裡一樣是王八蛋，若要說有何不同，就是黃色的王八鮮豔一點。呼籲各位尊重他人路權，安全第一。

　忘了指導各位如何購買。

　選擇改裝品，看雜誌沒有用，要去看比賽才行。但比賽並不很公正，看了也是白看，最後都在期待撞車而已。社群間的口耳相傳是一個途徑，雖然大部分講得頭頭是道的人，也沒能改出個什麼局面。最好的方式是試用，不過那絕對輪不到你。

買PS3吧。

註：Yellow Bird（Ruf CTR）──改裝名廠Ruf操刀，西元一九八七年問市。以Porsche 964為基礎，搭載雙渦輪增壓引擎，最大馬力469

匹,極速高達342km/h,為當時世界最速量產車。Ruf CTR以黃色車身塗裝為其代表色,又稱黃鳥(Yellow Bird),為歷史上最經典的改裝車款之一。

包包
購買指南

> 妳一定要有愛馬仕包，它的不管什麼皮都是無瑕的一級品。買來之後摔在地上踩
> 幾腳，讓它有瑕疵，看起來舊一點，這種頭殼壞去的矛盾，又可以幫助妳在形象
> 上躍升幾個等級，像個大方的貴婦。

要裝得下女人那堆高跟鞋，只有用她自己數不清的包。這經常
性支出是必要的，而且名牌比較耐操，絕不是因為愛慕虛榮。

皮包被發明用來裝東西，年代已不可考，在經過了數千年的演
變之後，時至今日，價格提升三萬倍，皮包還是用來裝東西，它
仍然不能發射核子彈，連冰啤酒也不行。

不是技術達不到，你得搞清楚，女人想要的絕不是一個附有印
表機功能的科技包。而「皮包」和「名牌皮包」指的是兩種不同
的東西，像蒙古包和豆沙包這麼不同，好像有那麼一點關係，卻
又沒有任何關聯，先有這個共識，咱們才好溝通下去。塑膠袋和
皮包才是同一個類別。

有人把「追求名牌包」這件事，看做同儕間交互驅動的盲目消費，有人認為這是無聊的右派階級意識。愚見是，無論你有什麼特別獨到的高深理論，你他媽最好看開一點。男人去批評一片皮革的價格，並不具實質意義。它產生不了影響力。女人在這一點上很有共識，她們不理會男人說了什麼，展現出前所未有的主見。她們打從心底認定男人不懂包，就像男人堅信女人不懂車一樣，「如果男人懂包，他絕對是個GAY。」

「名牌皮包」是推動女性成長的主要因子，是輔助女性進化的關鍵因素。任何女性在任何階段都應該買下超過身分地位的包，然後在背包包的過程裡，試圖讓自己更有模有樣，去配得上那個包。理論上透過反覆數次進程，人人都能成為蔣宋美齡。差不多是一千次或六百年。

女人一出社會，買包就應該買名牌，不可抱著「這包包好看，即使不是名牌貨也無所謂」的幻想。學生才逛地攤貨，妳已經到了應該揮霍的階段，要做點符合熟女年紀的事，像是參加時尚派對和勾引人家老公。LV是一個很好的選擇，它總共只有「三音節」，在亞洲人人都唸得出記得住。Salvatore Ferragamo就沒有這優點，縮寫SF也太多人使用，比如法拉利、三花防臭棉襪以及快打旋風，容易造成不必要的困擾。所以我們幾乎又可以說，

LV就是包包中的賓士，不買都不好意思。它的價格很穩定，不降價，不打折，沒有Outlet，牌價甚至每年調漲。我們不用自作聰明去計算一片Canvas防水布值不值幾萬元，要相信法國人一定有獨特的技術，密度一定不一樣，而且重點是在設計。它就那幾個花色，卻年年發表新產品，妳想想看這種設計有多困難，看起來沒兩樣，實際上又不一樣。

將一片鳥皮裁成粉條後交由奴隸手工編織的Bottega Veneta也很棒。忠實讀者一定都能猜得到，原因不外乎是，這牌子既擁有雙B的B，又同時具有LV的V。沒有錯，你終於長大了，這正是我特別鄭重介紹BV的理由，奶奶的，雙B又LV，哪裡找。

當男人認為某個包看起來頂不錯，價格也堪稱合理的同時，它已經鳥掉了。這是挑蘿蔔的思維，過度實際而不切虛幻，行不通的。買包和買車是兩回事，不能混為一談。車子要精挑細選，找出C/P值最高的款式，包包相反。貴得像是在開玩笑的那款才會是正確的選擇。想不通的，就愈棒。當你瞥見標價，情不自禁飆了人家祖宗，基本上這包就還算得上是個包。但是它還稱不上高級。展示架上沒有的，才是高級貨。

頂級的包包很難買，都限量，然後剛好沒有貨。有貨就顯示

不出它比人家頂級。一個顏色限量三百個,絕對不會生產第三百零一個,這就是名牌商譽的保障。不過買不到妳也不必扼腕,為了能繼續讓無限的人享受限量的高尚,它陸續會有六十種皮質和九百種顏色推出。

妳一定要有愛馬仕包,它的不管什麼皮都是無瑕的一級品。買來之後摔在地上踩幾腳,讓它有瑕疵,看起來舊一點,這種頭殼壞去的矛盾,又可以幫助妳在形象上躍升幾個等級,像個大方的貴婦。買愛馬仕包務必要有地緣關係,成為常客,讓經理總是願意施捨一個包給妳,簡單說就是要讓售貨的明瞭妳是一個不可多得的凱子,不然妳恐怕只能在角落挑挑鑰匙圈什麼的。人家說,擁有一個柏金是女人畢生的夢想,這話說得相當客氣,我向各位保證,當妳有了那第一個,一切才正要開始。

喔,我這不是在教妳買包,而是說,我打從腳底同意各位女性朋友消費之正當性。收入豐厚的,愛買什麼,外人哪裡管得著;時運不濟賺得少的,辛苦,又怎能不偶爾犒賞犒賞自己。

建議男性朋友們,當你的另一半想要買包,你就不必出啥意見了。女人背包包純粹是背給女人看的。優雅的女士並不會採納你的看法,正常的女人則有可能直接吐槽你。除非你有本事卓越地

察覺或胡亂地瞎猜到她換過髮型和耳環。優秀的洞察力或許能讓你受到青睞並獲得幾秒發言的機會。至於有沒有人在聽,你千萬別放心上。

名牌皮包有大的,有小的;有肩背的,有手提的;有耐刮的,有防水的;有休閒的,有宴會的。由於用途不同,每一種都至少要有一個。但一個恐怕不好搭配衣服,所以每種最好有十個,從這一點我們可以看出女人對「功能性」的重視。相同的邏輯並不能套用在相機和汽車上,到底為什麼不能套用,原因很簡單,就是它不能套用,除非你想挨揍。

地表上唯一能在十秒內判讀辨識正品與A貨的儀器叫做女人。這是一種天賦。上帝要青蛙游水,才幫牠設計了蹼。

每篇購買指南的結尾,你總能獲得一些啟發。

女人買包是上帝的旨意,你要是去違抗它,絕對會遭遇不幸。

省政信箱

第 一 期

　　省政信箱經歷幾番波折，延宕數週，才順利刊出第一期。官方的說法是，信箱甫一推出，反應極度熱烈，一如讀者先前所預期，來信十萬分踴躍，致使省政信箱人力吃緊，不克及時出刊，經連日加班之後，情況終於有所緩和，省政信箱為服務廣大民眾，再辛苦都值得。

　　事實上是來信太少，稍微篩選一下就沒得刊了，湊不成一期，所以多等了一會兒。

　　這段期間內，不乏來自四面八方的關懷，使信箱屬性呈現多元的氣象，有談國事的，有談合作的，有談八卦的，有談戀愛的。本人除表示感謝之外，特別透過省政信箱發表一點聲明，由於體力有限，除調查局約喝咖啡及林志玲約看電影之外，暫不能接受其他邀請。望各界體諒。

另，本刊頁數亦有限，恕無法一一回覆，茲將入圍問題回答如下。部分提問由於字數過多，本單位斟酌之後，在不影響原意的前提之下免費做了修剪，不客氣。第一期籌備不周，未盡完善之處，可逕洽凱達格蘭大道拉布條抗議。

記得自行攜帶便當。

問題一：
親愛的DRE大人，我想要詢問您對母親節禮物這東西的購買指南，送自己的媽媽沒那麼麻煩，反正有送她就很高興。

送別人的媽媽真的考慮到頭爆了還是不知道送什麼好啊。—by Anita

答：
這得看別人的媽媽是一個怎麼樣的媽媽，妳必須從專業的角度去了解去觀察各個面向，才能投其所好。怕是怕別人的媽媽是一個企業家媽媽，平常非常忙碌，見不著面，根本無從判斷起。這很麻煩，妳只能參考前例，學學眾美麗女星的做法，像是搶著送一個孫子。

原因我也不是很清楚，估計是企業家特別喜歡孩子吧。

問題二：

請問你有要出書嗎？還是已經出過了？可以告知書名嗎？—by cckid

答：

寫書不失為落魄部落客可以追尋的一條美好出路。把部落格上面已經免費發表過的破爛蒐集起來，印刷成冊，經過一番科學轉換程序，從你身上提煉出黃金，是一種資源再利用，極具環保概念。我也想這麼做，可惜我不是部落客。好比周杰倫也開車，可他不是個司機，他是歌手。我雖也寫部落格，但實際身分是路人。路人出書一本賣三元，不夠紙張成本。不划算。

問題三：

DRE大您好，我家對面鄰居把鞋櫃放在門口實在很討厭，地上也一堆鞋子，小妹我該如何是好？請大師開示。—by Mulan

答：

您好。鞋櫃問題可報請管委會、管區員警、里長伯或竹聯幫處理，效果依序遞增。

　如果剛好對面鄰居也是竹聯幫怎麼辦？請將問題填寫為「我家對面住竹聯幫怎麼辦？」後，寄至省政信箱，我們會擇期為您解答。感謝您的來信。

問題四：

How old are you? —by JackShih

答：

Fine, thank you. And you?

問題五：

　親愛的省長你好，我是中部某高中的教學組長，除了每學期的學期排課，週六排課，寒暑假排課，週六要值班，晚自習要值班，還要處理教務處的優質計畫，搞得我身心俱疲，內分泌失調，開始掉頭髮。

　我問過主任打算讓我做多久，他說，你做得很好啊！至少要兩年吧（我現在才快滿一年）！可是我完全不想做那麼久啊！所以請問省長，要怎麼樣才能讓主任不賞識我呢？—by 中部某高中的教學組長

答：

　　首先省政信箱要為您負責認真處理教務的行為喝采。國小我最討厭的老師就是個掉光頭髮的禿子，現在我對他肅然起敬。教育之事馬虎不得，革命青年本應義無反顧扛起重任，希望你再接再厲。

　　得罪主任很容易，那並不是治本的方法，您應從您所負責之教務處優質計劃下手。超時工作致身心俱疲，屬劣質現象，可在《壹週刊》得到三個劣以上，阻礙革命大業，應於計劃中揭露討伐並鏟除之。

　　另外我們在解題時發現省政信箱對您的個案幫助特別大，實質建議雖然沒有，但在你痴痴等待省政信箱答覆的漫長過程中，應已不知不覺做滿兩年卸任了。恭喜。

問題六：

　　其實實在沒有什麼寄email的必要，但是既然開放了那當然就應該勇敢的嘗試。我想請問的是，你可以寫一篇〈耳機購買指南〉嗎？事實上我正在為要怎麼選擇煩惱，我相信像這樣的請求應該是多不勝數，但你的購買指南實在很有趣啊，所以雖然我已經大概google了一下，還是非常想聽聽你的建議。─by maggie

答：

我的建議是，你不要聽聽我的建議。去聽聽耳機。

購買指南向來秉持中立的立場，除雙B等一百零八個品牌之外，不對單一品牌做推薦。

我只能告訴你一些大原則。

理論上，耳機視需求、預算、聆聽環境與訊源等因素而定，Burn-in技術有影響，播放素材有影響，聽覺靈敏度有影響，精神狀態有影響，空氣濕度還有影響。我們認為，耳道若不夠平滑或心跳太大聲也都可能對一場完美聽覺饗宴造成無可彌補的傷害。因此要比起採購難度，耳機絕不可能輸給相機，估計也不會輸給飛機。

我最失望的一次聆聽體驗來自STAX靜電耳機，它根本無法把蔡頭變成蔡琴，後來的幾年裡，也一直沒能找到童話裡的夢幻器材與傳奇線材，最後我把蔡頭的CD換成蔡琴，沒想到竟然解決了問題。

問題七：

請問您對年紀超過30歲卻還沒有談過戀愛的宅男有什麼看法？

—by 江旻駿

答：

沒事多把自己鎖在家裡上上朱學恆、PTT，打魔獸，看漫畫，下載A片，即可獲致姻緣。

問題八：

今晚毫無緣由的看了吳家衛的「東邪西毒」，發現哇塞好大一個卡司，張國榮、梁朝偉、梁家輝、林青霞、張曼玉、劉嘉玲，偏偏這裡頭的三大美女我個個都看不懂漂亮在哪裡。氣質很好是很好，但王菲氣質輕靈也沒人覺得她大美女呀？老一代的審美觀真的跟現在差好多啊。

這到底是單純代溝問題還是我有問題？畢竟林青霞應該算是風靡全球男女通吃，亞洲的Audrey Hepburn和八〇年代的林志玲啊？

—by Lani

答：

八〇年代下巴長屁股是一種流行，Michael Jackson也模仿林青

霞去做了一個。美的定義隨時代改變而改變，這是好事，我很期
待，遲早要輪到胖子。By the way，我說我屁股從某個角度看，
長得很像Michael Jackson，不知道你信不信。

問題九：

和許多來信者一樣，我也是你部落格的忠實讀者。我知道一個
人煩惱於己有多沉重於人就有多瑣碎，況且這調調跟我喜歡的D
大風格風馬牛不相及。可是留學生在異鄉，少人開解；身邊更乏
舉重若輕的長者和智者。猶豫再三，還是厚著臉皮來了。

我來美國兩年，讀所謂的名校，可對學校和專業沒有過真正
的歸屬感。研究生即將畢業，最近厭學情緒卻爆棚：該幹的事不
幹，整天不知道自己在想什麼幹什麼；又怎麼會從一個原來上進
的年輕人墮落成現在這樣，真的非常苦惱。

這個學期才剛開學，上學期期末的論文和作業卻拖延至今都
還沒有完成。不是我不想寫完，每天一睜眼就想跑到電腦前趕
快碼字，但一看個新聞、網頁、一打開郵箱查郵件時間又慢慢
溜走。這都一個禮拜有餘，從早上十點坐到圖書館裡，晚上八
點出來，每天都試圖寫，就那麼幾張紙的小文章，竟至今沒寫
出來。

對自己越失望就越焦慮、越著急。這樣下去搞不好要延期畢業，可爸爸媽媽正開開心心準備簽證來畢業禮呢。加之臨近畢業，情感和工作都沒有著落，一想到嫁什麼人搬去哪裡找什麼工作這些加起來就可以原地哭。

拖延著作業，我也沒心思參加最近的聚會了，不斷跟朋友和老師編造各種的藉口；一次又一次，自己都無比地鄙視，每晚睡覺前自感罪惡，無法面對自己。第二天卻又重蹈覆轍。

很抱歉，忍不住向你傾倒了負面小宇宙，但我靠自己一個人好像真醒不了，謝謝DRE。——by 小鹿

答：

妳竟然向一個菸槍詢問有關戒菸的建議，實在不可思議，不過我還是試著回答妳。

戰機在空中接戰，面對迎面而來那一枚飛彈，若無法妥善處理，後頭的事就甭擔心了，哪裡還有腦袋去煩惱降落後吃排骨飯還雞腿麵。人在同時面對一個以上的問題時，不需要慌，要短視，先解決眼前致命的那一個。嫁人是未來的煩惱，就先別挪到今天來湊熱鬧。

寫論文和寫部落格和騎腳踏車一個樣，必定得踩下那最不爽的第一步，動了，就漸漸舒坦了。坐著想，它怎麼樣也不會自己暴衝起來。又不是Camry。

問題十：

墜博士您好，這個省政信箱真是太有意思，廢話不多說我切入主題，就是說小弟日前去Ｘ黎出差認識了個好Ｘ孩，中Ｘ籍上海人在巴Ｘ學服裝設計，回來之後多有聯繫，終於形成一萬公里的遠距離戀愛模式，想求文告訴我該怎麼創造美好未來啊。

Btw不過不要把這封信原文貼上網誌啊太害羞了這個是。──by Mxxx

答：

信件原文關鍵人事地名均已透過精密X型馬賽克處理，請安心。

長時間遠距離戀愛經省政信箱多年觀察驗證，結局凶多吉少。然而隨著時代的演進，透過網路視訊等高科技，使得分隔兩地的男女雙方更易於維繫感情，死亡率已大幅降低至98.3%，令人振奮。

時間是關鍵，挨得起兩天餓，總不能一年沒飯吃，X黎美食誘惑多，不宜久戰。不過感情的事像天氣，沒個準。省政信箱於此斷定，你有百分之五十的機會成功。

中央氣象局預測，明日降雨機率百分之五十。

問題十一：
拜讀大作，覺得非常痛快。感到您對所探討的事物，總能直指要害，讓我豁然開朗。

所以開放省政信箱正好可以為我釋疑。

我有一個男的朋友，認識至今已經十數年，中間甚至也有演變成牽牽小手的階段，但是從未有進一步的發展。現在兩個人也常聯絡，說說自己交往的生活和交往的人。

有一天，他忽然跟我說，如果跟一個女的不想上床，連廢話都不想說。

我大驚，那我是什麼呢？──by JOY

答：

依男性語言學翻譯，如對方語氣略顯懊惱或不耐，那意思大概是說：「跟妳聯絡了十數年，至今都在聊『自己交往的生活和交往的人』之類的廢話，再不跟我上床，妳想我還有耐心繼續聽妳說下去嗎？希望妳好自為之。」

若使用甜蜜語調，大意則為：「我對別的女人很壞，但對妳最特別了，陪妳說了那麼多廢話，也不曾要妳上床。所以妳願意跟我上床嗎？」

【本期最佳問題】：

親愛的DRE您好，注意您的部落格已有一段時間了，此刻帶著尊敬又狂喜的心情首次寫了封信寄至省政信箱。

今年即將從大學畢業的我，對於面臨社會的競爭難免顯得緊張不安，這種緊張不安的感覺讓我處在一種極度焦躁的情緒之中，我極度焦躁的情緒影響了我的一舉一動，日復一日，漸漸的，承載著我的軀體的空

間，也就是我的房間，它變了，它變得凌亂不堪，瘋狂如一匹無法以整潔馴之的野獸，連我都快認不出它了，但我想我還是願意相信它，因為我依然能夠在它身上找到我想要的東西。

可是我的母親，一位有潔癖的婦人，深怕這將影響我的人格，使我在人生的道路上無法順遂，最終招致失敗，她告訴我：「妳再不整理房間就試試看！」

為什麼！！？？

為什麼一定要整理房間？如果我沒記錯的話，我國不已訂定農曆新年為掃除的日子了，為何在平常的禮拜一至禮拜七也要整理房間呢？—by 台北YPS小姐

答：
房間最主要的功能就是拿來整理。

小時候媽媽買腳踏車給妳，希望妳騎它；買鋼琴，希望妳彈它；後來給妳房間，就是希望妳去整理它。是一種望女成鳳的心情。

從棉被到化妝品，各式各樣專門用來擺放在房間的物品，都被廠商特別設計成輕輕碰一下就亂，目的就是方便破壞房間整潔，讓人們更容易重複享受整理的樂趣。畢竟愛整理是人類的天性。

我們大約能明白妳的煩惱，猜想妳是比較喜歡整理客廳，然而我們呼籲為人子女的都能理解，客廳屬於家庭公共區域，人人都有整理的權利，不可爭先恐後。大部分的家庭，出於孝順，會把這項快樂禮讓給勞苦功高的母親。

為什麼一定要整理房間？

真的沒有一定，如果令堂同意的話，

妳也可以整理車庫。

豪門
入 嫁 指 南

一般在定義上，買五百萬台幣的包包不嘰嘰歪歪，可認定為豪門。但實務上我們得把標準放寬一點，差不多兩百五十萬嘰歪三句以內，都是可接受的範圍。

嫁豪門，既不骯髒，也不俗氣。只是這社會病了，用不正常的心態去看待人家。

上週我又因故離開了一陣子，沒能趕上新聞當口寫完這指南。不過好在嫁豪門這事兒它不會退流行。它只會愈演愈烈。

想要有朝一日成為豪門少奶奶，總有些方法。我不說，妳可能不知道，機會白白給人搶了。我認為首先妳必須要有異常堅定的信念，像是我他媽的B非嫁入豪門我不是人這麼堅定，少了這番堅持，注定成不了什麼大器。有些人看到這裡，已經又要說我沙文主義，準備關閉網頁了。我說妳要什麼事都只進入淺淺十分之一就放棄，那生物肯定會無法繁衍下去的。

不想嫁入豪門，這話人家可以講，妳不能說。好比我說：「老子我不想去跟茱莉亞羅勃茲拍電影，演藝圈好複雜啊。」說得一付像是我有選擇權一樣。事實上是今天我要去給茱莉亞提皮包，人家還不一定要。妳可以不想，但不能說出來，說出來了人家笑話妳啊。妳不想嫁豪門？我魚缸裡的烏龜還不想開飛機呢。這種事在那裡裝高是沒有用的，我們踩高蹺跳起來也沒人家肚臍眼兒高。

豪門絕對有其獨特的吸引力，才使人前仆後繼。因此我認為我有義務分析一下，寫點真正實用的東西出來。

要嫁入豪門，當然得先認識豪門。如果沒耐心做到資深空姐，在頭等艙內挑貨色，或者不願意當個明星或主播，等著人家來挑貨色，最入門的方式就是自己去夜店了。從電視新聞我們得知像小S和賈靜雯的老公都疑似喜歡泡夜店，雖然這兩個例子可能尚未夠格被稱為豪門，但再怎麼樣人家家裡也有點底子，總不會是個肛門，因此我們研判夜店可能會有一些家境還可以的公子哥，而且他們應該不是去夜店讀書的。時尚派對，妳最好也多多參加，門檻高一點，但挺值得。投資個兩三百萬在自己身上，換取未來的兩三百億，這報酬率絕對值得放手一搏。倒是去執行任務時的裝扮要注意一下，打扮像個妓女，機會確實會多一點，但這

頂多釣到豪門的老二而已。嫁豪門，要捉住的是他的心。

　　欲擒故縱這種老招看表面是沒什麼學問，但實際在深淺收放的拿捏方面具有高度技術性，這妳初期可以先去外雙溪的釣蝦場練習練習。傳統上，我們把餌放定，敵動我不動，等待對方按捺不住而主動出擊。在這期間，妳可能會吸引到一些雜魚，驅離牠們吧，不要讓低等的生物們阻礙了後方黑鮪魚的行進路線。餌若是炒得香，大魚早晚要來的。不必急，一個星期去七天，一天跑七間。總有一天人家游過來了，那我們總要故作矜持閃一下，閃太遠人家跑了，妳得追上去，追太緊，人家怕，妳必須懂得收，收多了又嫌假，要適度讓對方知道我們其實呢也有那麼點意思，只是生性比較內向，不常喝酒，也從不與陌生人交談，而且這是妳第一次上夜店，難免緊張……若是妳的條件足夠讓妳採取冷豔高傲的態勢，那更好，妳誰都不搭理，就理他，他便是雞群裡的那隻鶴，這榮譽感一來，智商估計要掉20%。褲頭則早已經從膝蓋掉到非洲去了。這一切種種，聽起來有點複雜，可能讓妳有點煩惱，但如果妳奶不夠大，就不用煩惱了。回頭找那個釣蝦場小開嫁一嫁吧，以後有免費的泰國蝦可以吃，也不比豪門差到哪兒去。

　　這只是個開端，離結婚還遠，不過我回過頭一想，妳要是個善

良人，我怎麼教，只怕妳也學不來；若妳生來就是個婊子或幹戲子活兒的料，又何需我來班門弄斧。所以細節我就不說了。我說幾個重點給妳參考，憑我個人被公認的客觀度與長期一絲不苟的負責任的嚴肅而嚴謹的言論，妳把我所說的都記下來，好好地去實踐它，妳要沒死呢，那應該就能出人頭地了。

　認識了我們以為的豪門，別忘記再次去確認它。一般在定義上，買五百萬台幣的包包不嘰嘰歪歪，可認定為豪門。但實務上我們得把標準放寬一點，差不多兩百五十萬嘰歪三句以內，都是可接受的範圍。其次我們看房產。不光看對方住哪裡，還要看它登記在誰名下。登記在他老母那裡的，就比較頭疼一點，婆媳關係比夫妻關係還來得要緊。要能幫婆婆演個自傳什麼的，那機會肯定大一點。我這麼形容非常可能使我因含沙射影含血噴人而招致批評。不過還好大格局之人並不會為了幾個臭錢去嫁豪門，同時也絕對不可能為了一個臭部落客動肝火。喔，大格局粉絲們也是。另外就是請各位觀眾一生都要避免任何自行對號入座的行為，先別說不請自來造成的困擾，想入座，您買票沒有啊？

　真愛，就另當別論了。

　所幸這點讓我感到非常欣慰，我所知的豪門婚姻，它都是真

愛。

雙方一見鍾情，兩情相悅，天造地設，「第一眼就知道是他了」。他專情、顧家、體貼、上進、孝順、愛小孩。

這第一眼，看得還挺全面。

什麼都給她看透了，就偏偏沒看出身價。她們都是先愛上了，不可自拔了，論及婚嫁了，生米煮成熟飯了之後，才知對方身世，百密一疏。好在憑藉著一身運氣，就那麼巧，對方剛剛好是個超級豪門，事前誰知道會這樣呢，你怎麼可以說人家處心積慮呢你。

我們在童話故事裡，也看過類似的情節，比如說幫助了某個路人甲，直到最後才知道他原來是天神，因而得到了三個願望什麼的。我們可以經常幫助不同人，婚卻只能結一次，所以後者的成功概率又低得多。用國語來說，就是真他媽幸運到不行啊。

但我們做人，不可以因為吃不到葡萄而說它酸。

摘不到葡萄你可以喝葡萄酒嘛。不然改吃西瓜總行，長地上

的。我們尤其不要去替人家的婚姻卜卦。什麼看好看衰的，人家婚姻又沒發行股票。

無所謂，這都題外話，終於，到了最後一段，咱們要進入題內話了，這次好像切入得比較晚一點。

嫁豪門，

我認為閃電結婚是一個關鍵。歷史上閃電結婚的，幾乎都巧合地嫁到了豪門去，沒有一個嫁成撿破爛的。

我們可以由此斷定，「只要閃電結婚，就可以嫁進豪門。」

實地操作時的步驟非常簡單：先去街上隨便認識一個路人，然後馬上嫁給他，那麼他肯定剛剛好就會是個家財百億貫的豪門子弟。

這理論聽起來或許玄妙，但浩瀚的宇宙之中本存在當今人類物理科學無法解釋的諸多現象，方趾圓顱的你們，必須永遠抱持一顆謙卑的心。十五世紀，人們不相信地球是圓的；二十五世紀，閃電結婚和嫁入豪門間的連結與原理就會寫在國小基礎教材裡，

同時記載著二十世紀時民智未開，科技落後，社會上普遍認為這個說法非常荒謬……

我冒著被綁在十字架上當成異教徒燒死的風險，揭露我比世人早十步發現的定律，即使犧牲了，歷史總會還我一個清白，我是如此堅信著。

Ƅehind the Ƨcene

豪 門 入 嫁 指 南　幕 後 花 絮

> 我一方面有點同情明星們，可是另一方面又嫉妒得緊——怎麼我們辛苦寫一大篇文章才幾個人施捨著看，你不小心露個臀部就成千上萬粉絲搶著欣賞呢。

那陣子女星一個接著一個，閃電一般嫁進豪門，目不暇給。

小女孩兒們，從前心地善良的有，純真的也有，我不願意一竿子打翻一船人，何況我也沒本事去欺負那一船人。演藝圈自古以來就不屬於弱勢團體，它是艘航空母艦，拿火箭砲還打不翻，你用根竹竿去戳人家，頭皮屑都沒戳到，已經給撞死了。

拜談話性節目所賜，這十年間，觀眾對明星才藝要求特別高，唱歌跳舞等小把戲再不是票房保證。像林凡我覺得她唱得頂好，就紅不大起來。因為現在凡事求新，要跟得上時代的腳步，合得上觀眾的品味，掀底褲，曝家事，聊廢話。這當然比唱唱跳跳來得難，你去哪兒生那麼多故事呢？所以它變成一個文創產業，得去開發一些效果絕佳，離譜而又不失真實的小說情節套在自己身

上，當做親身經驗，再毫不羞赧地講出來，臉不紅氣不喘，非常不容易。

有時我真覺得當明星是件苦差事：說錯話，要被沒見過什麼世面的PTT批鬥；走星光大道，要讓衣服破了都不一定知道怎麼縫的部落客品頭論足；難得嫁個豪門，還得受一國家的窮光蛋們消遣。我一方面有點同情明星們，可是另一方面又嫉妒得緊──怎麼我們辛苦寫一大篇文章才幾個人施捨著看，你不小心露個臀部就成千上萬粉絲搶著欣賞呢。自蘇美爾人發明楔形文字……中國歷經《詩經》、《楚辭》、散文、詩歌、漢賦、駢文、小說、宋詞、話本、散曲、雜劇、新詩……發展至今三千五百年，文章依然不敵屁股。

當作家的苦，數之不盡，但也並非全然沒有好處，這篇剛好是個例證：譬如說作家嫁豪門，就很少像女星嫁豪門一般，受到輿論強烈批評。倒不是因為作家形象普遍比較好，而是社會普遍同情作家，捨不得批鬥。當然另外還有一個最主要的原因：沒幾個作家嫁得進豪門，即使人家想找一個來批，還想不出罵誰才好。想等下一個出現時再來罵，一等竟然要兩萬年。

在台灣無法賴以維生的行業，作家即其中之一大，它甚至根

本不算是個行業，跟要飯的在本質方面並無二致，只是名稱不一樣。你以為社會站在你這一邊，可是當你希望社會掏點零錢出來買兩本書接濟接濟的時候，社會又跑了。兩相比較之下，還是轉行當明星妥當點。一個賣牛肉麵的不會煮麵，基本上是活不下去的。可是明星不一樣，不會唱歌出了唱片，不懂演戲拍了電影，而就在你感到納悶的當下，它竟然還能互換，歌唱不好換去主持，主持得差改當演員，演得爛轉做歌星；混出點名堂的，就出書，混不下去的，也出書，怎麼樣都有條活路，書還比你暢銷。

這麼好，你說我自己怎不也去當明星？人間很多事，非不想，實不能。想而不能，只好罵一罵他了。你瞧名嘴們罵政府罵得多帶勁兒，想當官沒當成，罵死你啊，分他個局長司長幹一幹，誇你都來不及。

許多女星一心要進豪門，剛好大半豪門，一心想娶女星，兩造一拍即合，交易就這麼達成了。說交易好像有點貶低人家的愛情，可我又不能說交配。這事兒客觀來看，我怎麼看都覺正常，可是社會怎麼看就一定看妳不順眼。這是結構性問題，並非妳特別倒楣。整個社會只有兩種人不罵妳，哪兩種人呢？一是嫁入豪門的女星，二是娶了女星的豪門。所以解決方法就一個，當社會一半是豪門，另一半是女星，那就沒人會罵妳了。

但我估計當社會有一半是豪門的時代來臨，妳八成又要嫌豪門太平凡了，不想嫁，費力去找個了超級豪門，喔不，是剛好真愛愛上一個看起來像叫化子的超級豪門，閃電一嫁，又成了社會攻擊的標靶。

錯也不在妳，那一定是命運使然，沒辦法。

天生的。

耶誕禮物
購 買 指 南

> 政府、大企業和球團則偏好性招待。但也有一些性無能的，就比較喜歡收現金。

買耶誕禮物是一門藝術。

要把一件原本與你無關的事，變成理所當然，絕對是種藝術。

耶穌生日，要送禮給你。

那麼你生日，禮物肯定是送給我了。

當然這其中想必有個典故。繞一大圈回來結論總之就是不可以不買，這是一項傳統。我們中國人最能包容其他民族，所以別人的傳統，我們也要參一咖。

從感恩節到耶誕節這一個月是美國人購物之極尖峰，類似我們

過年。一個國家購物旺季每年只有一個月，自然就要經濟不振。中國人和外國人不同，咱們無時無刻不採買禮物。生日買，忌日買，結婚紀念買，小孩滿月買，夜市買，出國買，百貨週年買，電視購物買，初一十五買，二月十四買，七月七號還要買，所以咱們經濟很振。

買耶誕禮物一定比其他禮物要來得令人頭疼，它沒有方向。特別是學生時代限定兩百元的交換禮物趴。兩百元能買什麼？它不能買什麼嘛。所以才能激發你的創意。為了展現創意而絞盡腦汁，期望能為耶誕的繽紛氣息貢獻一份心力，這份付出，最後總能為我們交換到一個沒有創意也毫無用處的爛東西回家。

所以這種趴就儘量不用去參加，除非它能跟比基尼或搖頭丸結合。交換禮物和菜花，增加人生閱歷。

禮物哪裡有賣哪裡買，哪裡打折哪裡買，可惜你總是拖到最後一刻，這樣就很難撿到什麼便宜。它專業的技巧在於提前買，未雨綢繆，防患未然，曲突徙薪，囤積禮物。任何時候只要遇上大拍賣，就先買起來放，不喜歡沒關係，反正要送人的。要自己太喜歡恐怕還捨不得送，結果因內心拉扯而導致罹患精神方面的疾

病，反而得不償失。

怎麼買，完全看你是什麼角色。

老闆想慰勞員工，不必花時間去費什麼苦心，隨便訂兩個爛披薩放在會議室讓他們自己去歡樂一下就好了。我估計你花了時間也送不出什麼真能令人感激的好東西，不如就節儉一點。肯德雞或乖乖桶也可以。主要是看當時哪一家有在做促銷。

廠商與客戶之間，沒有人會在意這種小東西，送了也沒什麼加分作用。中小企業比較希望你能在稍後的尾牙贊助五十台五十吋平面電視當獎品。政府、大企業和球團則偏好性招待。但也有一些性無能的，就比較喜歡收現金。

老子送兒子，從火柴盒小汽車到BMW大汽車都很適當，視老子的財力多寡、兒子的年紀大小及出息有無而定。我呼籲做兒子的，禮數要周到，在收進BMW之後，花五塊錢買張耶誕卡回送給老子。出來混，拿了人家東西，總是要給個收據。

學生送教授禮物不免有賄賂的嫌疑，投資風險偏高，我和巴菲特並不建議投資人做此類型操作。不過還好只是嫌疑，而且比起

退學的風險，這實在不算什麼，豁出去先送了再說。成功的機率約為千分之零點三。要真的不幸被退回，為了降低損失，隔年把它當做生日禮物送給你馬子就得了。

老婆一旦娶進了門，行情也沒了，一般是認為完全不需要再送禮，以展現男子氣魄。我認為你可以把氣魄存起來用來攻打釣魚台，然後在送禮這件事情上表現得軟弱一點。看你要親手燒隻豆瓣魚或送一棟樓都很好。按照習俗來講，房子都是送給情婦，所以我們就買魚。

受刑人逢年過節總是要準備些香菸什麼的打點打點長官，因此我們坐牢時一定要戒菸，自己不抽，一點一滴累積起來，到時候才有禮物好送。如果你連幾包香菸都生不出來，那就想辦法把屁股保養得雪白一點吧。

買耶誕禮物是一門藝術。

藝術的事，從沒人能講得全面，你叫華岡藝術學校的人來講也講不全面。我並不是不想繼續講下去，我是怕講全面它就不藝術了。上頭兒已經舉了六個例子，要有點慧根的話，應能舉六反十八。

不相信有人敢嫌十八招不夠看的。

Merry Xmas to you all.

筆 電
購 買 指 南

> 有人一開始就先看造型，這樣很好，造型不佳的先淘汰，省下很多時間。不過這做法有一個缺點，就是你要有一點審美觀呢，那應該買不到筆電。

　　沒有人會把子彈型內褲簡稱子內，因為蠢。筆電在字義上一樣蠢，但聽起來沒那麼蠢，也就沒有人發現它蠢了。

　　各位既然都能學會開機上網這麼困難的事，想必已對電腦普遍性地具有相當程度的了解，為了搭上各位的水平，本篇寫得艱深一點應該無所謂。有所謂的是，你真想看艱深的，我還寫不出來。

　　因為有Acer，有Asus，有光華商場，有Mobile01，使我國長期以電腦王國自居，也使得居住在國境內的我們，人人皆光榮地以電腦專家自居。電腦王國之電腦專家購買筆電的技術，自然得要優於沒有Mobile01的國家。縱觀歷史，硬體採購之所以麻煩，不外乎它的日新月異。幾86或i幾之類隨他高興的編號，讓電腦元件

變得好像很複雜，零組件料號編碼原則就是它絕對沒有原則，但我們卻從來不曾去抱怨它。因為要少了這些女人記不得的編號，男人大概也沒什麼強項了。靠著雕蟲小技背誦這些雞毛蒜皮，我們在心理上征服了外國人和女人，感到非常得意，所以我們的島才能像今天這麼大。

根據統計，東方男性在採購筆電時對Benchmark特別重視。起因於其腦部構造多發育不全，青春期長毛後，自尊即建立在一連串量化數據上，像是公分和分鐘。沒了度量衡，人生的方向就啪地沒有了。反過來，凡事有了數字輔助判斷，又奇妙地驟變成為專業分析師。大腦像是一個開關一樣，在智障和專家之間切換。

L2 Cache幾MB，FSB幾百幾。11吋Macbook Air性價比是如何地較13吋低，不停分析性能細節與售價細節，雞雞裡挑骨頭，因此採購才會這麼難。電腦是眾多規格品的集成，有無限多種組合，去組合出一些不怎麼樣的組合，歷史上從來不曾販售過便宜但性能很棒的，只有昂貴卻很爛的。聰明的你何必斤斤計較相同價格但哪台快一點呢？最後裝上Windows還不都一樣慢，最多就是很慢和好慢的差別而已。從技術面來看，規格上的要點只有一個：不要去用低電壓省電型ATOM。耗電型都那麼慢了，哇操，還省電型？西方人左右腦發展則較為平衡，比方小布希，能輕易

在智障與智障間切換來切換去，生活就快樂一點。

　　大概了解到規格的不重要性之後，再來我們看造型。也有人一開始就先看造型的，這樣也很好，造型不佳的先淘汰，省下很多時間。不過這做法有一個缺點，就是你要有一點審美觀呢，那應該買不到筆電。

　　好在買筆電跟把馬子可說是南轅北轍，男性在拿出一台醜陋筆電的同時，總能自信地說出：「我這電腦效能超強！」這種鳥話，卻沒膽帶個醜妹，說「我這馬子個性超棒」。不用說，當然又與東方男性腦結構有關係，醫學上稱為狗屁不通。這兒牽扯到另外一個話題，就是為什麼狗屁會不通。根據數十年的臨床經驗，屁它沒有不通的，只有太通，你想憋還不一定憋得住。而經過訓練，能夠在危急時點放控制洩壓閥肛門開度，調節一下音量，已屬一介武林高手。所以說狗屁不通其實是一句狗屁不通的成語。

　　一句成語可以被自己形容。中國文學，真他媽，深似海啊。

　　跳過文學的部分，大意就是好在男性使用者筆電造型不重要。那麼女性呢，如果別人還有空注意妳的電腦造型的話，就到了該

去電波拉皮的時候了。

造型不重要，倒是品牌有點重要，差不多是第三重要。筆電對於微幅塑造專業形象，多少有效果，像是用ThinkPad就是工程師，用Mac就是設計師，

但用法拉利筆電的，絕對不是開法拉利的。

第二重要的事，就價格了。它指的並不是售價的合理性，也無關乎個人預算，而是同樣的東西我們一定要買得比別人便宜。其實你想要能多便宜也不可能，但不管怎麼說，比價是一種對自己負責任的態度。貨比三家不吃虧，那是古時候的環境，現代零售店群聚性強，集中度高，貨比三百家才算稍微跟上時代的腳步。我說你是買筆電不是買算盤啊，不跟上時代的腳步行嗎？在比價之前，花點時間，比方一兩個月，上網做做功課，哭求跪求幾個大大，承受一番冷嘲熱諷後，運氣好的話，或許能獲取其他人的入手價格等情報，屆時實地殺價心裡才好有個底。心裡一踏實，說話語氣自然就自信，自信來了，人就變帥了。其實人帥並無助於你殺價成功，但變帥總是件好事。按照這種做法，前世又吃素，估計應該可以比別人便宜二十至五十元不等。如果能拖到年底資訊展再買，多拗片滑鼠墊，那可就賺了。

講到資訊展，順便提點你兩下，展場上各家廠商會陸續派出幾隻蜘蛛精來擾亂我們的判斷力，阻止我們向前行，這時你不一定要把持信念，畢竟只是買台筆電，並不是要前往西方取經。貪圖美色的結果，最後可能反而使我們買到比別人貴五百元的價格，但比起上酒店，這點錢花得實在很划算。

採購筆電，要把流程給簡化，從功能面著手，這才是最重要的事。

「請推薦我一台可以跑繪圖軟體又能玩遊戲的筆電。」

以往依通用分類法──節能省電型、家庭入門型、輕薄移動型、仕女時尚型、商務辦公型、專業繪圖型、多媒體娛樂型、遊戲高效能型等自以為卓越的土法分類來看，我只能客觀地推薦他買一台專業繪圖型外加另外一台遊戲高效能型，這樣優秀的答案卻總是不被接受，使我感到好心沒好報。

因此我特地率領多國專業團隊設計了一套更精密精準的先進傑出分類系統，那就是以尺寸來劃分。經過五年的研發，我們發現筆電共可分成大、小、不大不小，或稱「中」，三種類型。

想繪圖打GAME看電影就選大的；想省錢省電省力氣就選小的。其他，就選不大不小的。

我只能用完美無缺來形容這套強大的分類發明。至此，〈筆電購買指南〉總算理性而嚴肅地告一段落。

如果想看電影又想買小台的怎麼辦？

也沒怎麼辦，

你坐近一點就好了。

時 尚 生 活
指　南

> 好比一些世紀婚禮，你要擅闖，那人家一定驅逐你，可是如果你真的都不關心，看都懶得看，他又不高興。

　　對時尚稍有涉獵的中產階級人士普遍認為時尚是一種文化，一種態度，一種生活，一種智慧的表現形式，由衷地；穿戴名牌、喝葡萄酒、抽雪茄、開歐洲車，享受著被教育、被宰制、被指導、被灌輸、被形塑、被扭曲、被奴役、被洗腦、被強姦的品味，得意地；他們更透過微博與Facebook直接或輾轉地描述起自己羨煞他人的時尚生活，與他人分享這份榮耀，無私地。

　　但你要了解時尚中產階級的時尚語言，才好一起感受喜悦：他們説魚子醬有點腥味，是説他們去了高級餐廳；他們説跑車很難坐，是説他們坐了法拉利。這語言，乞丐聽不懂，富豪也聽不懂，極符合儒家思想提倡的中庸之道，絕非高不湊低不就。達到這個等級，便已算是接觸到時尚的角質層，進入到頭皮屑的深度，只差那麼幾千步，就到骨髓裡去了。

早期國內市面上並沒有時尚一詞流通，民眾一般稱Fashion為流行或時髦。經過時代催化，時尚二字受到廣大喜愛並與流行逐漸區分開來，以將市場區分開來，高級時裝界逐漸不流行使用流行一詞來代表流行，改以時尚二字稱之。原因無它，因為時尚二字聽起來比較時尚嘛。

後來平價時裝與非時裝產品急欲與時尚沾上邊，濫用時尚一詞，流行與時尚，面目又開始變得模糊。業界堅稱兩者概念不一樣，不過根據我的考證，這種概念在民間並不流行。我怎麼能採納一個不流行的概念來概念流行呢。另一方面，我不願意膽大妄為地要來平息流行與時尚在定義上的紛爭，據說通常膽子能長到那麼大的，老二都小。營養分配的問題。

通俗一點說，現代社會裡那些正在被認為高級而典雅的流行，即可視其為時尚。而低端的，像是得了流行性感冒，就不怎麼時尚。

有一小群人為了能把世界一分為二，在地上畫了個叫做時尚圈的圓形，站裡邊的是自己人，剩下的，都算做圈圈外的，你我多屬於外頭這一大類型。雖然你我其實又分為好幾種小類型，像是草民、屁民和賤民，但時尚圈內民其實不在乎你我這些種族細

節。這你不能怪人家，像我們自己也分不清螞蟻們的種類。

時尚圈是一種共榮圈，在一起生活共同求榮，共同虛榮，共同享受無比的尊榮。沒有三兩三一定進不去那圈圈裡，一般人頂多只能巴在圈圈邊上的圍籬往內看。圍籬上通了電，想翻越進去，就會給電死，看一半想走，也會給電死，你必須永遠維持一個特定的距離在那兒羨慕著，好比一些世紀婚禮，你要擅闖，那人家一定驅逐你，可是如果你真的都不關心，看都懶得看，他又不高興。

要是有九兩九，那你出生就已經在圈圈內了，絕不是你懂不懂時尚概念的問題。有一些人出生含鐵湯匙，靠著後天努力，奮發向上，寫時裝評論，學時裝設計，期能擠進圈圈裡。有一些確實進入了，在國際間大放異彩，有一些沒能進去，變成平凡的同性戀。

想要讓自己成為時尚達人無須那麼辛苦，如果你能理解箇中道理。時尚並不是你翻閱了幾本雜誌，背誦了幾個鳥牌子，聽聞幾個新銳設計師；知曉今年流行什麼妝，什麼髮，什麼皮，什麼色；挖苦奧斯卡典禮上好萊塢明星穿了什麼開度的領子，踩了什麼長度的靴子，做了什麼容量的奶子，就懂了。

而且時尚，它可不是用來懂的。

它是用來買的。

不管去五分埔買，還是五大道買。你總得買些什麼，好使自己看來時尚些。光屁股肯定是時尚不起來的。並不是說你的屁股在形狀上、弧度上或嫩度上違反了時尚，是光屁股的行徑阻礙了時尚工業龐大的利益。

你至少要在恥毛外貼一朵喇叭花；一朵香奈兒的喇叭花；一朵要價三十五萬台幣的香奈兒喇叭花；一朵成本高達三百五卻只賣你三十五萬元的香奈兒喇叭花，才有可能勉強把左半片臀部坐進時尚圈圈裡。上一季的還不行。當然，過時只是原因之一，主因是我怕季節變換，花謝了，露毛了，你就犯法了。

法律規定老百姓不准裸體，保障了歐洲時尚工業永恆的收入來源。我覺得美國政府就是傻，想挽救積弱不振的汽車出口業，最好的方法應該是拿槍逼著全世界不准走路。

每年，時尚業界都要想一些新說詞，讓你知道去年的那些最流行的今年已經落伍，以利他們新品上市，有人說這是業界在幕後

刻意計劃的結果，我不同意。我認為大自然一定賦予了萬物之靈某種特有的本能，讓人類的審美觀定時改變，如同狗的發情期一樣，每年變化一次。所以今年全世界都覺得這樣好看，明年一定後悔。一百年來我們後悔了九十八次。其中某年發現四十七年前的設計超棒，翻出來再用了一次。本以為文明將因此停滯不前，所幸隔年又後悔了。

而大自然同時間也賦予萬物之靈另一種反向的矛盾本能，就是讓人類的審美觀恆久不變，所以我們又很合理地可以接受某些東西一百年來了無新意。後世發明了一個名詞叫「經典」，用來形容這類物件。像是一些壓了方格的皮和印滿logo的布。

至於這兩種本能意義何在，我沒有去深究，面對大自然造物的神奇力量，你不能去質疑，只管讚嘆就好。

97%每年變化的新款，要去追。2%不怎麼變化的經典，要蒐集。全身上下從頭到腳永遠都是當季品，看來牛B，實傻B。那無異是在昭告天下，你昨天才接觸時尚，是個剛入門的新來的暴發戶。是故買了97%中的幾%，要不時搭配那不怎麼變化的2%舊款，表示咱們懂時尚很久了，資深了，老兵了，讓人心生敬畏。敬畏很要緊，敬畏之後就有地位。有了地位，無論你襪子穿反了

還是內褲穿破了，都會被解譯為時尚的展現。

　　最後剩下的1%是買不到的，我們明知永遠買不到，卻永遠保持著希望，多光明的人生觀。而在漫漫等待那終極1%到貨的過程裡，閒著也是閒著，加上心裡癢癢，不免經常去店裡摸摸架上97%中的另幾%，摸著摸著又買了。幾年累積下來，共買了500%，賣0%，只進不出，是為儲蓄觀念的起源。

　　宏觀的時尚並不單指某個特定時期時裝的風尚與崇尚，啃食胡蘿蔔如今亦已成為飲食上的健康時尚新主張。於是兔子在動物界時尚起來了，地位立刻比狗高出一截，講話都大聲了起來——如果牠能講話。牲畜社會階級被人類不經意間接宰制著，是預料之外的事，狗必須雙手合十祈禱有天人類上流階層流行吃屎，才有機會翻身——如果牠能合十。從這裡你可能已經發現，無論穿著或飲食，流行皆絕非政治圈所能引領。政治人物的所作所為毫無時尚參考價值，他們慣用的髮型沒能形成風潮，而且他們幾乎都是吃屎的。

　　並且，與政治背道而馳，時尚要「去本土化」。

　　打壁球比打桌球時尚，

Macaron比豬血粿時尚，

星巴克比冬瓜茶時尚，

說法文比講台語時尚，

Apple比Acer時尚，也比西瓜時尚。

戰 機
購 買 指 南

政府採購團未來若仍不能掌握戰機採購之巧門，恐使我國軍再次蒙受損失。但平心而論，若買東西花的不是我自己口袋裡的錢，我可能也不會那麼細心就是了。

「華府再度拒絕對台出售F-16 C/D型，僅同意F-16 A/B型戰機升級案。我總統府對此表達感謝，並表示仍將繼續爭取F-16 C/D型戰機。」

其實早在西元一九九二年，美國首次同意售予中華民國F-16戰機時，我國空軍即已向美國方面強烈表達購買C/D型之意願。

原因是C/D型才有附CD唱盤。

那次被打了槍。我們還是乖乖買了一百五十條A/B褲。

這血淋淋的教訓就在告訴我們，非買不可時，不但講不了價，拗不到東西，買不到原本想要的型號，你還得笑咪咪謝謝人家。

　　我雖無緣參觀專為中華民國空軍生產的F-16 A/B Block20內裝陳設，但依個人過往在Costco與麥當勞消費經驗研判，當初我國空軍單位極可能因不諳英語而遭到美方業務員坑殺，短缺仿核桃木飾板、倒車雷達以及防水腳踏墊等贈品。政府採購團未來若仍不能掌握戰機採購之巧門，恐使我國軍再次蒙受損失。但平心而論，若買東西花的不是我自己口袋裡的錢，我可能也不會那麼細心就是了。

　　戰機遠不同於一般消費性商品，它是戰鬥用的，不過這不是重點，它驚人的特殊之處在於，權威網站Mobile01的專家們並沒有秀出開箱文供民眾學習參考。官員們無所依據，無所適從。在研究摸索的過程中，時間一點一滴流逝，最終買到時，都過季了。愛國心驅策著我出面傳授一二，於是有了戰機購買指南誕生，而這次基於保密防諜，只寫繁體。

【WHY 買不到？】

　　商品買不到，有諸多不同類型之原因。比方法拉利（Ferrari）330P4是數量稀少，阿舍乾麵是來不及生產，愛馬仕（Hermes）柏金包和高檔酒店小姐的貞操則是故意吊你胃口。購買前必定要逐一去分析它。

買不到戰機，我不說，原因大概沒人知道：是因為老共從中作
梗。

北京會這樣搞小動作，完全是心態問題，估計主要是出於嫉妒
──他開吉利（Geely），哇操你買賓利（Bentley）？!雖然你最
終買到的其實只是閹割過的舊款小賓士（Benz），但進口品牌相
對來講就是比較招搖，隔壁鄰居必然要看不過去。但我認為不管
是直接與鄰居對幹或者採取迂迴戰術，都不應因此而放棄購買念
頭。我們在購買相機時，老婆何曾同意過？但哪個人後來沒買成
呢？保持信念啊朋友，相機如此，戰機亦然。老婆都不甩了，你
還甩老共嗎？

問題你我都不怕，可是老美怕了。北京就看準這弱點，知道美
國軍力差，比較俗仔，台灣勇，它惹不起啊，所以直接向賣方施
壓去了。這是一個國際現實。

【HOW TO 買到？】
現實難解，但非無解。讀書，讓我們鑑古知今。歷史上很多前
人的智慧可以借鏡，世上總有些東西，賣家原本不大敢賣，最後
還是被買了。

比如說毒品。逮到，賣家要殺頭的。可是想買的人，沒有一個買不到的。

不就是一個價格的問題嗎。

只要買方出得起錢，賣方一評估風險，嘿，值得，就賣了。懂這道理，再大的採購難題也能迎刃而解。

據此我建議，專業的戰機採購員談判時應抬起下巴，朝天大約33.5度角，偏離中心軸略微向右。二郎腿抖著抖著，在對方開口之前，以對你愛不完的手勢示意對方稍等，旋即清清喉嚨，咳呸，痰一吐：「F16，附CD的，每台，你老子我出一億美金，有幾台老子買幾台。」廢話不用多，氣勢一出來，壓制對方，

不要說ABCDEF型，加長型都出給你啊。

【HOW TO 議價？】
我們現在的處境是只求不用下跪就能買到C/D型。

不議價，可我們要盡其所能把訂金壓低，壓到0%那麼低，0%應該是極限了，因為不可能壓成負的，變成對方還要給你錢。其

餘尾款交貨驗收後付清。做生意講的是誠信，説付清肯定一次付清，這點可以從我中華民國一百年悠久的歷史文化得到保障。倒是屆時驗收順不順利沒人説得準，比方説起落架有一點掉漆，老子恐怕心裡不舒服，想退貨之類的。此刻才看他要打個折還怎麼處理，總之腳踏墊大概是拿定了。

【保固條件】

交通工具賣的時候可能不大賺錢，賺的是售後維修保養，在購買前應詳閱保固條款。美國車的保固很爛，這點尤其要嚴加注意。

對照韓國現代（Hyundai）汽車在美國市場提供十年十萬英里保固，我認為F-16保固一百年不限里程很合理，因為天空很平，沒有坑洞，除非被飛彈打到，基本上不應該壞掉。

當然做人要互相，你自己在那換機油，弄壞了要人家保固，就説不過去。我建議是每三千公里飛回美國原廠去做保養。而有了完整的原廠保養紀錄，屆時上eBay拍賣二手機，價格相對也比較高一點。

【替代方案】

學習以上各點,就能買到好戰機嗎?不。咱們不能一直侷限於向美方購買,讓他獨佔了,吃定咱們了。世界上還有許多國家製造出色的戰機,像是日本的鋼彈系列,就怕你買不起而已。向美方購買,也不要老巴著F-16 C/D不放,新一代F-35也很好,匿蹤的,像是可以違規停車的樣子。關鍵是人家都接iPod了,你還在CD啊?

【總結】

多方詢價總是好的,也是購買時的必要步驟,不可省略。因此我認為我們應該嘗試向中方詢價,而且只要對方報價,我們就買,不拘泥於規格細節、機種合適性與價格合理性。

我國戰機採購的要點在於:強大的防衛能力,而中國戰機正具有此一特性。我的立論基礎,很基礎,但堅不可摧:中國為我國目前唯一假想敵,買它戰機,並不是要反攻大陸,嗯?我說反攻大陸嗎?對不起,我剛說了個笑,而是要成為它的客戶。沒有人會打自己客戶的。這麼一來咱們就安全了。

中國沒道理把戰機賣給你,再出兵將自己出品的武器殲滅,自打嘴巴。因此向中國採購戰機可以說是一種以子之盾,禦子之矛

的策略。

我們唯一會碰上的難關就是，他不賣你。因為你當初買了一百五十台破賓士在那炫耀呢。

山不轉路轉。官方可能不賣，咱們回頭找民間渠道。買山寨機。二〇一一年問市的iPhone4能山寨，一九七四年推出的F-16肯定也成。

山寨機雖然不符合由我率先提出的客戶防禦理論，唯好處是可大量訂購客製化機型，像是F-1600 WXYZ型。1600 C.C.，作戰半徑、載彈量都小十倍，車用冰箱則加大一百倍。喔，它當然也涉及到我剛提的保固問題，可嚴格說起來，保固根本不是問題，因為它根本沒保固。不過由於山寨的便宜，壞掉再換就是了。怕只怕它壞掉時在天上，那飛行員，就上天了。

好險這也不是無解。讀書，讓我們鑑古知今。我們買中國製的山寨林寶基尼，自然不會開去山路找林寶堅尼飆車，F-1600買來也不是拿來讓咱們像「捍衛戰士」一樣急轉彎的。它使用的方式是，綁上繩子，握住一端逆風而跑，順勢放線，使它像風箏一般飄在空中，升空的數量一多，自然也就能達到嚇阻作用。

說到「捍衛戰士」，那是我學生時代最喜歡的片子之一，讓我對戰機有了初步的了解。在節目的最後，我要感謝那位借我「捍衛戰士」錄影帶的，我忘了名字的同學，也謝謝你的另一捲帶子，讓我對兩性有了深入的認識。

願天下太平。

※此文為DRE於二〇一一年九月針對美聯社報導華府對台軍售決議所寫。

Behind the Scene
戰　機　購　買　指　南　　製　作　祕　辛

> 來硬的不成，可我老大也不願就此打道回府。畢竟上酒店沒爽成，一傳出去，道
> 上一笑話，老大可能從此就要換虎**鳳**隊蔡姐來當了。

我隸屬於某個小幫派。

未來若有機會，我將慢慢和你們分享，我在幫派的日子。

現在要說的這篇故事，是我寫下〈戰機購買指南〉的前兩天遇
到的。

事情要從二十年前的某一天說起，

那晚我的前前老大，前往一家知名豪華酒店消費，就是我的前
前前老大和前前前前老大喜歡去的那家。他叫了幾個小姐，算是
當時的次紅牌，雖然身材比不上正紅牌，回來後，他仍興高彩烈

地逢人便吹噓著。

上週，現任的老大依樣畫葫蘆，也帶著幾個高級幹部去了，用的同樣又是幫派的公款。

我分量不夠，還是跟不成，只能聽回來的人說故事。

二十年來，同業雖不乏競爭者瓜分大餅，那酒店仍屹立不搖，小姐比起二十年前，又不知多了多少，美了多少。於是我對他們接下來所要講述的香豔過程感到非常期待。

他們說，他們原本也滿心期待。

結果那天媽媽桑送進來的一批小姐，竟然還是二十年前那同一批。

「什麼？！」這讓正坐著聽故事的我，感到不可置信地，差點從椅子上跳了起來！

不過我實在懶得起來，所以還是坐得好好的，屁股都沒挪開一下。

「就是這樣啊！」他們接著告訴我：

老大當場火了，「妳送這什麼玩意兒來？媽舊貨？妳他媽當老子撿破爛的啊？要老子被道上笑死是不是？干。」老大心裡很清楚，這酒店背景硬，給不給小姐，完全得看他們臉色。他們總是擺明著誆你，你要不先擺擺譜打他槍，那就只能等著被海削了。

「去給老子換批車頭燈大一號的過來，C/D卡普的知道不知道？干，不然老子送你CD隨身聽。」我老大到底有沒有脫口飆出「送你CD隨身聽」這麼一句失敗的狠話，其實沒有人知道。但我沒有打斷他們，繼續聽著故事……

你們猜怎麼地？

老大狠話一出，桌一拍，身子往椅背上一靠，全場都安靜了。一屋子人全瞪著媽媽桑看。

沒料到，媽媽桑也不是省油的燈，她竟然給咱們老大軟釘子碰。

「這樣責備我就傷感情了呀，馬大哥啊，您也不是不清楚，這陣子我幫您訂位喬包廂費了多大的勁兒。何況這批小姐雖不算拔尖的，但再怎麼說，也還不到退休年齡呀，您大人大量，就讓她們留下吧。咦？果盤怎麼還沒送來？我去幫您張羅，您考慮考慮。」

「考你媽個機⋯⋯」不待我老大把句子說完，媽媽桑已轉身跑出包廂。

「到底是怎麼回事？」我狐疑地問著回來的人。

原來，有一個更大的幫派，稍早之前和媽媽桑通過電話。那幫派據說百年前跟我這幫本是同一幫，後來不知怎麼地分家了。於是他們歷任老大長久以來就一直和我們歷任老大相互較勁著，比拳頭也比派頭。那幫派的現任老大胡董，認為我們馬老大上豪華酒店是一種挑釁的行為，像是在嘲笑他們經營平價阿公店，於是向酒店媽媽桑打了照會。

我老大直覺被人陰了，心裡不是滋味，犯嘀咕著，「操，前陣子我不還給胡董猛送禮嗎？婊子，給老子擺道，干你娘。」

　　來硬的不成，可我老大也不願就此打道回府。畢竟上酒店沒爽成，一傳出去，道上一笑話，老大可能從此就要換虎鳳隊蔡姐來當了。

　　他於是硬著頭皮，叫小弟把媽媽桑找了回來：「歹勢啦，我剛的意思是說，那姓胡的最近帶了一票七仔，不管時就來我門口展一下，他這樣我怎麼有面子？我也是要來妳這兒框幾個辣手的出場跟他拓一下啊，不然出去是要給人看沒有是不是？來啦來，我這支18K勞螺妳收起來，交一下朋友，互相幫忙啦好不好。」

　　媽媽桑經不住我老大的溫情攻勢，戴上手錶，掂了掂重量，左看了看，右想了想，「好啦，不然這樣吧，」媽媽桑說，「我幫你把原來這批矽膠隆乳一下。」

　　「真的？!」我老大重新點燃生命的火花，喜出望外地，從椅子上滾了下來。

　　「當然是真的，我你還信不過嗎？」媽媽桑挑了挑眉，「一節只加收你兩千五，幫你隆得比C/D還大。」

我老大很快就爬了起來，拍掉鼻子上的灰，

「唉呀，真是太感謝妳了。」他說。

省 政 信 箱
第 二 期

　　第一期省政信箱圓滿落幕之後，承蒙網路便利性，讀者來信量增加百分之三百，垃圾廣告信激增百分之六百五。證實人腦終究不敵電腦。民眾務必及早做好被機器人統治的準備。

　　本期多所讀者來信鼓勵打氣批評指教，無奈分身仍舊乏術，實無暇逐一私下回信。事實上為了公平起見，除禮貌性簡短回應文化界邀約之外，我不得不做出一律不回信的痛苦決定，以免顧此失彼，只回覆到18~25歲單身女性讀者。

　　各位的關心，我都確實收到了，每一封信，我都逐字閱讀了，原本不頂在乎的這破部落格，有了讀者朋友的強烈支持，我決定繼續更新下去。希望能從一年一篇長的，進步到一年兩篇短的。

感謝讀者Wendell Yu、Lemon、Bill Wang、Alice、Michelle

Fion、肩膀、danger夜、台中Kelly、台北F小姐、JIMMY LIN、MSL、艾唷薇、陳X芬、曾X凱、Sabrina、Aloha Yao、猴子、chuchuyei、Jeremy、Solocellist等人特地來信給予支持與勉勵。

謝謝各出版社及廠商,雖然貴我雙方理想南轅北轍,無緣協力帶給社會一丁點貢獻,仍感激各界賞了臉也賞了光,幸好沒賞耳光。

另外,在回信時,我把《GQ》與《FHM》搞混了,特此向《GQ》致歉;讀者張愷汶來信指正錯別字,結果我忘了改,特此向您致歉;時尚媒體工作者Silence Huang來信表示時尚生活指南一文造成些微困擾,特此向您致歉。6月1號之後來信的,來不及回,恕下期回應,特此向您們致歉。其他不慎遺漏沒有道歉到的,以及趕流行也想被道歉一下的,特此一併順便致歉。

以下為本期入圍問題。

問題一:
近來有位「半仙」預言5/11會發生世紀大地震,並開始囤積貨櫃屋。

為了避免貨櫃屋也要跟天龍國一樣高不可攀，請問省長有沒有計畫要添購貨櫃屋便民？—by brian shih

答：這看你想繳多少稅。

我計劃一人送一戶帝寶。

依照我的構想，綜合所得稅基本稅率約為50000%。感謝您的來信。

問題二：

本人身處美國，身邊有個固執的老韓裔友人，見面哼哼哈哈大家也相安無事，但是在聚餐時，這位老韓裔聊開之餘沒來由的就會對眾人重申：

1. 中文漢字是源自韓國……巴拉巴拉

2. 中醫也是源自韓國……巴拉巴拉

誰都知道他們韓國文化源自我們悠久的漢文化呀！！每每當下聚會的亞洲人就我跟他兩個，我又不想當著老外面前爭這個眼下

無意義的議題，但是那是一口氣呀！!請教省長，這該如何處置呀??—by OBASUN

　　答：乞丐向郭台銘要幾塊錢，儘管口氣不大禮貌，態度強硬，可你不給，他不走，也傷腦筋。省政信箱建議，給錢了事得了，一方面可憐可憐那叫化子，二方面趕緊打發打發他。

　　乞丐會不會要著要著，富了，成了郭台銘；郭台銘又可不可能給著給著，窮了，成了乞丐呢？

　　那你完全不用擔心。

　　會伸手拿人家東西的，注定一輩子是個要飯的。

　　問題三：

親愛的墜先生您好，如何當個小三被好野人包養，因此擁有郵輪、趴踢、豪宅、名車、刷不爆的卡、買不完的包、泡不完的SPA……這一直是姊妹淘們百思不解的謎……

　　也因如此，一直沒有被包養的命（連被老公餵養的命都沒有），期待能看到墜先生的指點迷津。

例如〈成為小三入門指南〉。

雖然我知道看了相機指南也不一定可以買對相機，看了買車指南也不一定可以買到雙B，吃了玉米熱狗也不一定可以拉出熱狗。──by Alice

答：您的問題共分為兩個部分，

第一個部分關於包養，我沒有什麼好建議。

至於第二部分，吃熱狗不一定拉出熱狗沒錯，但我相信如果吃屎，總一定可以拉出屎來。

問題四：

Dear省政信箱，從小我就有個夢想，一直以來，那個夢想在我深處的意識裡萌芽發展，它讓我見證了生命的奇蹟。

我希望有一天，我能自在的馳騁於遠大且浩瀚無垠的遼闊疆土，享受世間絕無僅有的孤獨與悲愴感，感受自己於浮世中那渺小而又卑微的生命，緩緩的發著微弱的光芒。

說穿了，其實我就是想當太空人而已，然後去黑洞探險。

但我現在只是個上班族。

想請問省政信箱，在英文不好（無法跟NASA溝通），科學知識也不好（還是無法跟NASA溝通）的情況下，可以上太空探險嗎？還是我該考慮轉行做外科醫生？ —by Silence Huang

答：中國已於西元2003年成功發射神舟五號載人飛船，讓語言不再是太空探險的阻礙。

民眾亦可逕自前往www.virgingalactic.com/booking/訂位，進行為期兩小時太空旅遊。經濟艙每位票價二十萬美元，不含飛機餐。您的確可能必須轉行做外科醫生才負擔得起。或部落客也行。頂尖如我者，收入自然十分優渥，供您參考：省政信箱成立至今，廣告總收益高達0.6美元。想捐掉，還怕金額太龐大，銀行吃不消。

問題五：
你好，既然省政信箱問問題就會有答覆，那我就不浪費這國民應得的權利，畢竟小妹是個專業的採購，該佔的便宜絕不浪費。

　　問題源自於房東的客廳有座佛堂，房東每週都會來敝人在下的住處禮佛，而且必會帶來盛開的蘭花來禮拜，而花朵謝光的蘭花，就會被棄置於陽台處待其乾枯再丟棄，本人絕不輕易放棄的習慣促使著我開始每天照料丟棄的蘭花，畢竟還沒死就別浪費，但也因此屋內的蚊子越來越多越來越肥！

　　想到要丟棄尚未枯死的蘭花實在浪費，而活著就不能虐待它，養了就不會死，不死就更多盆，如此一來蚊子就會開始佔我便宜，每天來品嚐免費的血腥瑪利，再怎麼樣怕浪費或愛佔小便宜，也不能把他們全抓起來吃了，請大師開釋該如何處理才能兩全其美？ —by 美少女-過期

　　答：那必然是由於血腥瑪利免費供應所造成。妳應該試著向牠們收費。

　　問題六：
　　DRE先生你好：我時常在孩子班上支援班級事務，和級任老師挺熟稔。最近就在臉書上得知她即將結婚，想著是否包個紅包，禮到即可。

　　想想我大約有十多年沒包過婚禮紅包了，實在不知現在的行情

如何。我得知他們在北市一間高級餐廳辦婚宴，一桌含服務費約兩萬元起跳。我和同時被邀請的另一位家長商量紅包價碼，我說三千六百元帶一個小孩去應該不失禮；她說沒有個五、六千恐怕不周到。

請問DRE先生，這包紅包有沒有個準兒呢？不能包少了小氣，又不想包大了讓新人錯愕，過與不及都不禮貌啊！─by 梅花三

答：

基本價碼視場合而定，為基礎數學題，無所謂古今行情與交情：如一桌含服務費約兩萬元跳，除以每桌十人，平均每兩座位單位成本四千元。一桌坐了十二人，兩位也要三三三三元，加稅三千五百元，即使淡季非假日再打你八折，還要兩千八百元。兩位同行，三千六是站在懸崖邊上，無疑應視交情與身分斟酌增加金額。保費繳得高一點，Cover範圍就廣一些。保重。

問題七：

您好，我是XXX Bikini- XX式精品比基尼專營的彭X小姐。

經由某位您忠實讀者的朋友介紹，開始拜讀您的文章，總是在中午放飯吃便當迫不及待打開網頁點閱您的文章。文風帶著直率

與令人噴飯的詼諧，但又確確實實的言之有物，一針見血，忍不住會心的一笑，帶給我們一整天的歡樂。

　　想邀請您以男生的角度寫一篇對於〈XX式比基尼〉的心得文，不知您意下如何？若是有意願我也將更多的產品資訊給您參考，如果有確切的酬勞，也請您提出參考。——by X Peng

　　答：
　　感謝您句句屬實的讚美，為了對您及對讀者負責，請提供10名女性模特兒實際穿著貴公司產品，以方便評鑑講解。

　　如您需要酬勞，也請不吝提出。

　　問題八：
　　事情是這樣的：我最近想要買一個相機包，可是自認我不需要一個看起來很方很大的包包。我其實也只有三個鏡頭，需求一點也不大……

　　所以空間不是重點，重點是外型好看。最好是可以帶出去裝很多東西，最好可以自動分類。——by RW

答：你願意殺死小叮噹並搶走他的袋子嗎？

問題九：
其實這不是恐嚇郵件，只是從對岸飄洋過海而來的玉帶詔。

阿拉就是之前總在蹲位上拜讀DRE大作的小生，平日最喜歡看有意思的東西了。要知道在對岸很無聊的，大家都在忙著掙錢，忙著消耗。於是好久沒能有共鳴的東西了，感覺自己靈魂嚴重營養不良，而中央政府卻依舊唱紅打黑，該貪污的貪污，該做惡的做惡，該墮落的墮落，絲毫沒能代表先進文化的前進方向。看來在共產黨員的統治之下，我這幫shitizen民是無法在有生之年得以滋養靈魂以求能死而瞑目的了。

所以斗膽請DRE大發揚人道主義精神，在小馬哥之前給對岸的民眾（其實就是我了）帶來一些新鮮的精神食糧。

之前我挺喜歡舒國治的東東的，所以如果DRE能做個台灣的優秀書評之類的東西，那可真是莫大的修行啊！（郎咸平一類的就請不要輸出過來了）—by suon

答：

我沒有資格去給任何書籍做評論。不曾打過籃球的，要怎麼去講評NBA呢？省政信箱認為在共產黨員的統治之下，你應該熟讀《毛語錄》。其他刊物都只在毀壞你的思想，使人邪惡而愚蠢，是負面的，不能入眼的。如果你曾經不小心入了眼，現在悔過也還來得及。跪在長白山頂上罰抄紅寶書十五到二十五萬遍，每三秒鐘說一次你對不起心愛的國家，對不住養育你的土地，最後再用鹽酸洗洗眼，領導大概就原諒你了。再不行，這段期間你總也認識到長白山的東北妞兒了呀，快給領導送幾個過去抱抱吧。

問題十：

是這樣的，我身為一個平凡的大學生，覺得生活實在了無生趣了，不是說我整天打混摸魚釣不到異性才怨天尤人，但這個世界對我一點影響都沒有，我對這個世界也是一點屎都沾不上去。雖然旁邊的作業考試堆積如山，房間的時鐘劈劈啪啪的走個不停。

簡而言之，我太無聊了，而且somehow大家都習慣無聊了。這根本就是活生生的殭屍世界，這是該怎麼辦才好？請指點迷津，感謝您！—by 黃X華

答：我每天只有嫌時間不夠用，無法理解您無聊的困擾。據我所知，部分婦女朋友從前也有些我無法理解的困擾，她們後來用

婦潔解決了問題，你參考看看。

【本期最佳問題】：

我是林志玲，可以請你看電影嗎？—by 林志玲

答：此則為私密回覆。

鹽酥雞
購 買 指 南

> 糯米腸和蘿蔔糕也有一些推崇者，它們是很有特色的食物，上不了枱面，是個配角，可是在食用上，卻又被當做主食，跟咱們社會上的情婦同病相憐。

每個人的心中，都有一攤好吃鹽酥雞。

台灣可以說是一個充滿「吃鹽酥雞專家」的國度，我國民眾自幼即開始學習品雞藝術，發展出具有極度美感的飲食文化。

在這神奇的國度裡，有著優雅傳統，人人皆恪遵著，一套自古流傳下來的標準品雞程序：

一、以眼觀鹽酥雞表面色澤、雞塊比例。

二、以鼻嗅其油香，肉香，料香，九層塔香，椒鹽香。

三、以手握持竹籤輕晃，柔和地，不偏不倚送雞入口。

四、以舌翻攪，混合空氣，嚐其纖維口感、雞汁質地、醃料層次與綜合餘韻。

這一門技術實不得不應以品雞稱之，可惜國情使然，至今無人敢以「品」字稱之。

「品」，乃品評品鑑之意，

例：品酒、品簫。

一般我們在食用鹽酥雞時，並沒有故作姿態評論鑑別其產地、年份，致使吃雞行為不若喝紅酒或口交一般，獨具高格調之品味，故仍以「吃」為其動詞。另，亦常以「叫」字或「召」字做為動詞，不過在意義上略有不同。

如何購買好吃的鹽酥雞，像你這樣資深的鹽酥雞玩家，無疑早已駕輕就熟，可是我們必須進一步擴大考慮到外國人，尤其在政府全力發展觀光的此刻。我寫下這篇購買指南，期能引領外國朋友，進入雞的世界。原本打算以英文書寫，無奈這次題目專業層次偏高，各大漢英辭典皆未收錄相關之專有名詞而作罷。鹽酥雞怎麼翻譯？你不會嘛。沒關係，連我也不會。

我當然知道雞的英文是G，但鹽酥兩字太難了。

最後我決定以中英文夾雜的雙語方式，you know，來撰寫本企劃。僅在專有名詞、專有名詞上下文，以及超出我英文能力所及的部分使用中文。

鹽酥雞 is Taiwan 炸物小攤的代表，不只賣雞，還賣非雞。Not only G, but also ABC.

不好意思，一開頭就忍不住賣弄了我的英文能力。

炸物攤之所以被稱做鹽酥雞攤，其來有自。因為雞，自古以來佔據著鹽酥雞攤最大比例的領土面積，居領先地位，是為一攤之主，The king of 一攤，故以鹽酥雞做為代表性統稱，可謂實至名歸，絕無爭議。我說個對比吧，總沒道理堅持要人家叫四季豆攤，因為四季豆只佔攤位一小塊，還是在邊緣。從這裡我們得到一個啟示就是，兩岸哪天要是統一了，那絕對沒可能以咱們的國號為國號。

早期鹽酥雞的選擇不多，除雞之外，多半僅販售魷魚腳、天婦羅、豆干，和豬血糕。記憶或許有誤，因為當時吃不起，得要化整為零，分成數天，一次刮一點早飯錢下來，再去水溝找看看有沒有銅板可以撿，湊一湊，背著父母跑去切三片天婦羅，然後回

味一星期。三十元以上的食材，離我們好遙遠好遙遠，那時買一份魷魚腳，好像現在上班族在台北買一間公寓一樣。早期口味也只分為加辣與不加辣兩種，通常二選一的決定最是困難，我後來累積了多次經驗，才歸納出原則，那決策過程的關鍵是，你不敢吃辣呢，最好就不要加辣。

現代鹽酥雞則比較多元，應有盡有。有些攤子販賣薯條（Hand-G），那並不是手機的意思，而是台灣特有的品種，寒集。具飽足感，不應錯過。部分店家喜歡擅自將寒集撒上梅粉，是採購當時必須提高警覺來防範的事項之一。同時我也在此特別提出呼籲，請把撒梅粉的自主權還給我們。你吃芭樂撒胡椒嗎？希望你將心比心，多少先詢問一下。是可忍，孰不可忍，主權已經沒有了，自主權絕不能再搞丟掉。糯米腸和蘿蔔糕也有一些推崇者，它們是很有特色的食物，上不了枱面，是個配角，可是在食用上，卻又被當做主食，跟咱們社會上的情婦同病相憐。由此可知，鹽酥雞攤不僅僅是中華炸物料理的集成，還是世界局勢與社會現象的縮影。吃其雞，觀其象，卜其卦，思其春，此四事者，富強之大經，治國之大本。

南部的鹽酥雞攤較常出現三角骨部位，啃食起來異常痛快，也是必點單品之一。北部則多半沒有骨頭，這是由於北部有著較多

的行政機關，雞就近受到政務官的潛移默化所致。而我國國土呈狹長型，從最北端到最南端之距離比其他國家來得遠得多，自然會產生許多包括口味在內的，極大的文化差異與隔閡，地理因素使然，南北之所以不能和諧，並不是政客刻意操弄出來的。

自從龍珠（章魚嘴）加入陣容開始，鹽酥雞攤有了全新的局面，地位一舉提升到海產店的等級，我於是總會點上一份，來鋪張地享用童年時無緣觸及的豪華，當一個揮霍的敗家子。然而由儉入奢易，這中國話說得真是沒錯，我很快就感到不滿足。那種高檔的珍貴食材，在鹽酥雞攤屬於進階品，入門型消者費不可貿然躁進。一旦接觸，由於很難再向上突破，人生會失去目標。

為此我消沉了好一段時日，幾乎有半個星期之久。後來為了重新振作起來，我背起行囊帶了三百元積蓄，搭客運，先南下再北上，因為我住台北，但也想要有離鄉背井隻身前去台北打拚的漂泊背景。客運一路向南，又向北，雖無翻山越嶺，倒也在高速公路違規換過車道，瘋了幾台小客車，為這虛構的故事增加不少冒險性，非常感謝那位司機。最後抵達台北時，天色已經暗了下來，堅強的我獨自一人，佇立在木柵第三大的鹽酥雞攤前，也就是我家巷口那攤，泛著喜悅的淚光，望向一座座堆疊得高高的炸物小山，不自覺緊握了拳頭。鹽酥雞，I'm back.

我毫不猶豫地將那三百元一把拿出，往攤子上一放，碰，只剩一百八十二元，奶奶的，來回票實在貴。可是我沒有時間悲傷，老闆看我這次身懷鉅款，趕忙堆起笑容，瞇著眼睛說：「錢毋通放那裡啦，油油啦。」我低頭一看，一百八十二元已經油了一百八，不花掉不行了。

「柳葉魚。」

那晚向老闆說出的這三個字讓我驕傲至今。是的，點完了鹽酥雞，我又加點了柳葉魚，也就是俗稱的喜相逢。我打算透過這道單品，重拾對鹽酥雞的熱愛。原因無它，柳葉魚把氣氛弄得熱鬧萬分，讓豪華再進階成奢華。有雞又有魚，你搞清楚，在五十年前，這可是年夜飯才有的規模。終於，我領悟出人外有人的道理，原來鹽酥雞的世界那麼浩瀚無垠，永遠沒有終點站。下一次，我還想加點炸湯圓，也推薦給各位，那是喜宴的菜色。找幾個不大相熟的假朋友，穿著隆重一點，互相說說客套話，都快成了國宴。

I'm sorry，剛剛類比誇張了一點，國宴是展示國力的，level不太一樣。當一個國家的國力，在軍事政治經濟體育衣食住行育樂各方面，一律展示不出來，或是像我國一樣，出於客氣，不好意

思展示出來時，特別需要透過國宴來宣揚國威。縱然軍艦坦克數量沒人家多，火力沒人家強，可我們總一定能把國宴用的盤子設計得比人家都大，讓國際不敢忽視我們。

　　提醒各位外國朋友，鹽酥雞這等高級料理是不准講價的。對中國歷史有深入了解的知識分子都清楚，中華民族不僅童叟無欺，還特別崇尚團結與統一，堅持車同軌，書同文，雞同價。外蒙古當初就是不大合作，被咱們給轟了出去。現在上頭還想把西藏給踢掉，可他死賴著不走。因此你要發現誰賣的鹽酥雞價錢跟別家不同，儘管說一聲，我一定強烈譴責他。我認為價格必須守住，不過重量可以不一樣，反正不易察覺。但你不可以把義大利皮件商人騙錢的小伎倆套在我國攤販身上，先入為主，覺得天下攤販一般賊。那裡是歐洲，文化比較低，跟我們放一起比，等於是嚴重地污辱了我們。身為台灣人並不會為了Ａ點零錢而失去國格，破壞了由前朝領導人及其家族所辛苦開創的，以億為單位的基本格局。

　　殺價行為確實地削減了咱們所剩不多的人格與國格，兩害相權取其輕，我決定化被動為主動，賞你一點優惠。經我多年奔走，串連全省從北到南一共兩家攤販，取得共識，他們初步同意，合理的範圍內，允許多要兩到三片九層塔。三九二十七，一共送你

二十七層。我說地獄也只有十八層啊，你別不知足。最後附帶一個小知識，九層塔並不含致癌物質黃樟素，而是含有一種叫做丁香酚的有機化合物，目前對人體無害。而為了觀光好，即使過幾年發現有害，我們也不會講。

鹽酥雞好吃的要訣被各家視為不傳祕方，但，well，今天不藏私，節目尾聲，我要在這兒把它給公開出來了。不，別謝。原來計劃將這祕密和可口可樂配方一起曝光，可是想一想，加起來熱量太高，不妥當，先公布一半。

那就是好鹽、好酥，與好雞。

You are welcome.

Oh，by the way，據我所知，天婦羅的祕訣並不是好天好婦與好羅，um……想必在製作與烹調技術上，肯定是不同的。

$\mathcal{B}$ehind the $\mathcal{S}$cene

鹽 酥 雞 購 買 指 南　　幕 後 花 絮

> 小時候比賽寫過一個題目叫做〈我最崇拜的人〉，明明我最崇拜我自己，可是我不能那樣寫，於是扯了一個謊，說我最崇拜我們校長。那是我此生杜撰的第一篇小說。

　　這一篇我本身並不是特別喜歡的文章推出後，反應奇佳，像是可以吃鹽酥雞不用錢一樣，網路轉發活動熱絡，確實又再次為我帶來一些虛榮，令人驕傲。過去的經驗顯示，這種榮耀就如同泡沫一般堅固，至少可以持續三秒。

　　許多老讀者們長期以來都誤以為我淡泊名利，心如止水，不計得失，生性瀟灑……其實不是這樣的，之所以我能如此豁達，關鍵就在那個虛榮的虛字。可是若哪天得到的是一點實榮，像是頒一個獎杯給我，最好附帶一筆獎金，還有美女粉絲主動投懷送抱，老婆又剛好出差，那我私下肯定也會高興地歡呼起來。當然，如果得的是全球華文部落格大獎，喜悅的程度自然要比吃泡泡糖抽中三獎T恤一件來得低一點。

鹽酥雞並不是一個很好掌握的題材，不容易寫出新觀點。當下選這題目只是因為前一篇寫戰機，所以接著挑了一個反差最大的鹽酥雞，兩機對比強，無形之中似已自然成趣，又可能樹立起包羅萬象無所不能寫的形象，是一個題目上的巧妙安排，自以為幽默。最後果然沒人發現，我只好自己說出來。類似的事情在電影界與廣告圈屢見不鮮，導演或創意總監埋藏了一些細節在作品裡，可能是台詞中的一句雙關語，可能是背景裡的一個圖騰，又或者一小段有所典故的配樂，自己很滿意，沒想到除了他們自己，與無聊的影評人以外，正常的觀眾一律沒看出來。大藝術家普遍因為具有社會地位而自視甚高，覺得觀眾水平不夠，知音難尋，可是沒有人承認是自己安排得差。

另一方面，偶然有幾個水平特別高的，或吃飽了特別撐著的觀眾，湊巧解讀出細節裡的若干符號，他肯定會和朋友分享他的發現，說XXX導演的XX電影其實是這樣看的：「啊你看這一幕，他倆談判著軍火交易，會議室角落放著一幅畫，啊那叫Guernica，表達了畢卡索（Picasso）對戰爭的憤怒和鄙視，而且你仔細聽啊，這段的電影配樂還特別選了約翰藍儂（John Lennon）反戰名曲〈Imagine〉。融合這些個潛藏的元素之後，整個場景想表達的無疑就是一種反諷，反思，反動……等會兒你

再專心看左邊倒數第二個啊還是第四個保鑣脖子上那刺青，啊一定要瞪大眼注意，我告訴你那是二戰時期德國納……啊操，怎麼鏡頭一晃就過了，你沒看到吧？啊我倒轉一下……」可是他與人分享並發表電影評論的主要目的，也不是為了稱讚導演，而是要人家稱讚他觀察入微。

富翁不必張揚自己行情好，黑人無須強調自己皮膚黑，而傻B總是費盡心思竭盡所能想表現出聰明的樣子來。

在寫鹽酥雞指南的當下，我心情一直不能愉悅。通常我的流程是這樣的：先發生了某件事，然後有了某些想法，再把它寫出來，最後才下一個標題。比方我貪污被逮到了，覺得自己真不小心，於是提筆寫了一篇聲明稿，標題是司法不公。這次程序錯亂，標題最先產生，好像參加作文比賽一樣，被侷限住了，關在一層薄橡膠裡，而且尺寸不正確。更如同過往我所接觸過的各類作文考試，題目不是太小就是太大，再套在一個太短或太長的應試時間上，說是這樣可以考驗你的實力，顯然我們教育部的智商不如一個妓女。

好在我本身就是鹽酥雞迷，不至於寫得太痛苦，想一想釋懷得

多，小時候比賽寫過一個題目叫做〈我最崇拜的人〉，明明我最崇拜我自己，可是我不能那樣寫，於是扯了一個謊，說我最崇拜我們校長。那是我此生杜撰的第一篇小說。

總統
大 選 指 南

> 我自幼欣賞政治人物無私奉獻的精神——他們拚了老命擠破了頭想服務你,來跟你拜託拜託。我這一生都在向他們學習,至今仍達不到百分之一的境界。我如果拜託你,那絕對是想從你身上撈點好處。可惜了,我這人市儈,不適合政治。

開春,我破例接受邀請,提筆替人寫字,直接毀掉維持九年的原則。不過原則這東西的用途是這樣,自我隨便制定幾個無關痛癢的小規矩,等時機成熟了,再特別為某人破個例,人家就感謝你。

《商業周刊》囑我開專欄,給了極寬闊的寫作自由度,勇氣可嘉,如果對岸也有同樣的主流媒體,民智大開,咱們這邊僅有的優勢一瓦解,估計很快便要亡國了。中國持續箝制人民思想,管制資訊流通,阻礙民主進程,我代表台灣民眾感謝他們。因為像咱們這類經常性停滯不前的國家,在國際間一般就是靠著對手的不進步,來勉強維持自己競爭力的相對不退步。

十多年前我察覺韓國復甦，中國崛起，面臨亞洲局勢丕變，心裡正慌，就在一籌莫展之際，我所依靠的英明政府總算及時地，當機立斷地推出了保命因應對策——它教百姓趕緊把眼睛給蒙住，安心幹活兒，繼續繳稅，假裝人家沒追上來。果不其然，此舉奏效，扁執政的那陣子，全國上下自得其樂，過著與世無爭的好日子。直到扁功成身退，馬接棒，因對前朝缺乏信心而感到不安，遂將遮眼布掀開一角，大家回頭一看，唉呀好險，後無追兵，鬆了一口氣。

原來人家都跑前頭去了。

馬政府的作為明顯大不同，高瞻遠矚，無視敵我差距，甫一上任，旋即加足馬力向前衝刺，帶領著人民，滿懷信心地邁開腳步走出去。經過四年不間斷的努力，全國歡欣迎向民國一百零一年，我們再度回頭察看，中國果然出現在後面。

原來人家足足超前了快一圈。

我終於明白，兩人踩協力車，即使步伐一致，呼吸節奏一致，脈搏跳動一致，連八字都恰好給你合上了，也追不上飛機。因此藍綠衝突、不和諧、鬥爭內耗，根本不成問題，問題是政府設定

錯了對手。咱們的競爭對象應該是剛果與烏干達。

　　所以候選人不可以亂開支票，去講什麼二〇一六年寬頻網路追上韓國之類的空話，誰講這話，我都要開始崇拜韓國科技了，難道他們還能打倒檔飛啊？你說二〇一六年努力不被烏干達追上，那是有點可能辦得到。或者你說二〇一三年國土面積超越美國，我也覺得你有點創意。我始終客觀地覺得赴美免簽那種政見比較動人，如果成功，咱們就是第一個取得美國免簽證資格的非洲國家。

　　國中時期好奇心強，我熱衷研究政治運作，大學時代一股熱血，積極參與政治活動，因為我自幼欣賞政治人物無私奉獻的精神——他們拚了老命擠破了頭想服務你，來跟你拜託拜託。我這一生都在向他們學習，至今仍達不到百分之一的境界。我如果拜託你，那絕對是想從你身上撈點好處。可惜了，我這人市儈，不適合政治。

　　所謂政治，根據我長期反覆理解，應為政客統治，那民主政治，大概就是人民自願主張被政客所統治的意思。我國為民主政治之典範，雖然可以直選總統，但候選人只有2.1組。好比你去吃BUFFET，美其名各樣菜色任君選擇，結果只供應陽春麵和白

飯，附贈一碗湊熱鬧的蘿蔔湯，還問你對哪一道菜最為滿意。

有的人不喜歡麵食，說他祖先是中國北方來的，光看心裡就不爽，所以我沒辦法指導你投票，挑戰你的民族癖好。充其量我只能給你們說說我自己的看法：本屆參選人，一個是女的，我天生對女性特別有好感；一個是帥的，我像看見了鏡中的自己；一個經驗最豐富──參選經驗也最豐富，想必格外熱愛為民服務，不服務你他活不下去。極難抉擇。可能的話，當然最希望三位候選人全部當選。三人一起說笑，總勝過一個豬哥亮吧。但我們國家規定一次只能有一位總統，跟一次只能娶一個老婆一樣，不大合理，說是說民主，可我也不知該向誰反映。好險憲法設計了一個制度，讓總統四年一任，不高興可以退換。而有關老婆的部分，增修條文立法還沒通過，你再忍耐一下。

經過歷次盲目總統選舉，國家安在，我們據此推斷，選錯總統應無風險，政治評論者不可日日危言聳聽，應將口才用於正途，跨海去說，說垮人民幣，說死解放軍，順便說塊福建省過來，再說服范冰冰多脫一脫。沒那本事的，就先回去練習練習，試著遊說自己老婆，求她給你買台兩百吋平面電視，對國家經濟也有實質幫助。可是你不要又買到韓國的。

在此預祝各位投票時都能忘卻紛亂之意見，保持輕鬆愉快的心情。四年只佔據人生很小的一部分，車子都要開十年啊，怕什麼呢，我的第一台車，比袁世凱還爛。同時我們也相信不管誰當選，國家未來的方向都不會定案，因為島內有一半的人想這樣，另一半人鐵定就異常堅定地想那樣，總統亦不敢一意孤行，這就是民主的好處。壞處就是咱們哪樣都不行。

我許下第一百零一個平凡的願望，無論藍綠消長，萬萬不可爆發內戰。

面臨即將改行的募兵制，

咱們折損不起兵力。

※此文為DRE針對中華民國第十三任總統、副總統選舉所寫。該次選舉三位總統候選人依號次排序分別為：民主進步黨蔡英文、中國國民黨馬英九，以及親民黨宋楚瑜。

$\mathcal{E}$xtra $\mathcal{B}$onus

總 統 大 選 指 南　　一 週 後

> 人家職業作家窮其一生寫作,把所有的文章加起來,能影響一件事就已經不得了。我隨手一篇散文即可戕害青少年,誤導全國百姓,污辱全國婦女,還左右總統選情。這是何等偉大的一個成就,能不專文紀念嗎?我都想立一個紀念碑了。

〈總統大選指南〉一文票房反應熱烈,讓我覺得心裡非常踏實,是為業餘寫作生涯的另一記里程碑,特別撰文留做紀念。寫作的,從沒沒無名,到慢慢被注意,而後遭異議人士咒罵,接下來被告,最後抑鬱而終,路程遙遠,很高興又向前推進了一步。早前因核安議題與戰機採購案而抨擊現任總統馬英九,反饋力道不如今次,我認為你們未免太不給他面子。

各位賞光進場看戲,本人內心無比榮幸而歡迎,其中幾位新進的觀眾朋友們特別熱情,給予本人諸多建議:

有人說我沒有建設性。

答：

第一，你不要急，建新房舍之前，得把舊的給拆一拆。

我槌子才剛剛拿起來，運氣暖身，一二一二，一塊磚都還沒弄鬆，已經聽見有人吆喝，原來是街角站了幾個路過看熱鬧的，在那叫著：「他媽的啥子不搞盡搞破壞啊，老子站這足足有五秒鐘了，只看你敲了一槌，什麼大樓也沒蓋出來啊。簡直是個垃圾。」

我向您一鞠躬，抱歉在速度上沒能達到您的期望。另外，社會上有種工人只負責拆除，你不要歧視人家。

第二，一個渺小的業餘部落客沒有建設性不至於讓你妻離子散家破人亡，別那麼激憤。您不妨將熱忱挪去監督咱們國家總統候選人的政見有沒有建設性，以及兌現的可能性。可是如果你罵一罵我，能使國家進步，那你應該用力一點。

第三，我們已經國富民強、豐衣足食、安居樂業、社會和諧了；柏油路有了，電燈也有了，還建設什麼呢？好好感謝養你育你的國家啊。可看你如此倚重我，不幫幫你，我也內疚，那這樣吧，明兒個我就給您喊艘火箭出來發射發射。

有人說他絕不會讓小孩看我寫的東西。

答：

您說得對。我也不會。

有人說我沒有引經據典，提不出數據佐證中國超前了咱們一圈。

答：

台灣人依賴數據，時日已久，逐漸成為習慣，像是哪個產區哪款葡萄酒的哪個年份得了哪本故事書的哪些分數，不拿出來參考一下，他沒有判斷力。你平白無故說這瓶好喝一點？你證明看看啊。

所以這個部分，我難辭其咎，確實也需要道歉。像是操場一圈是幾公尺，跑道鋪水泥還PU，雙方是不是穿NIKE，裁判有沒有韓國籍，中國在不在起跑時作弊，美國擺明著幫哪邊加油，馬英九又暗地裡往哪邊傾斜，都應該做出說明。而所謂的一圈是以乳頭或是屁股位置來判定，又在哪一個時間點上，GMT加幾的幾點幾分幾秒點零幾幾時由0.999圈正式成為1.0圈，文中也交代不清，難以服眾。

幸虧當初沒説Mike Tyson十秒鐘就能把我幹掉，我真怕你要我去讓他打一頓才信。

引經據典的那一套，現下非常流行，受到作者與讀者的共同推崇。作者透過搜尋引擎，找到數之不盡的學術知識與文化瑰寶，填充填充，排列組合，免思考，無觀點可，樂得輕鬆。讀者看他資料如山，不待消化，已覺得分外專業而牛B，遂奉其為權威，自己則成為信徒，找到心靈上的慰藉，戒掉自慰的習慣，身體也健康了起來。

有人說我不中立。

答：
這我實在也沒辦法反駁你，我就是偏心林志玲。

有人說我的指南完全是在誤導民眾。

答：
至此，我感到欣慰。我們總算合力完成了一項世界紀錄──世界最容易被誤導的民眾。

有人說我調侃蔡英文是污辱了女性。

答：

至此，我兩行熱淚。人家職業作家窮其一生寫作，把所有的文章加起來，能影響一件事就已經不得了。我隨手一篇散文即可戕害青少年，誤導全國百姓，污辱全國婦女，還左右總統選情。這是何等偉大的一個成就，能不專文紀念嗎？我都想立一個紀念碑了。

有人說我邏輯不通。

答：

台灣動能日漸縮減，可是我們還有一項值得驕傲，就是民主的發展，那是中國遙不可及的一項。我徹底地希望中國終能師法台灣，自由民主開放。可是我們在這一點上，做了什麼榜樣？我們分裂，我們內鬥，我們對立，我們仇恨，我們進步緩慢，我們目光如豆，我們剛愎自用，我們還自以為高級。

至此，我撥雲見日。原來我反對他那統治階級，叫做詆毀污蔑，你聲討我這平民百姓，謂之主持正義。這就是華人民主聖地獨創的台灣式民主邏輯。它跟一般認知的邏輯有什麼不一樣呢？

那當然就是它又更自由一點：

連一個邏輯，也可以各自表述。

聯合抵制

指 南

> 現在串連抵制方便得要命,利用高科技,透過一根手指頭到處按讚,即可躲在暗處貢獻出自己那份龐大而無堅不摧的反對力量,不需要什麼勇氣,也難怪大家特別勇敢了。

二〇一二開年不過兩個月,歐盟實施偽石油禁運抵制伊朗,伊朗禁售芭比娃娃抵制美國,美國追溯徵收太陽能電池板反補貼稅抵制中國,中國禁繳航空碳稅抵制歐盟,而我泱泱大島則不甘示弱,一口氣龍騰虎躍緊鑼密鼓地先後抵制了HTC、中國時報、lativ,和Makiyo,加上各縣市個別針對低知名度對象進行的地方性小規模零星起義,此起彼落目不暇給。

我們國人就這點優秀,光看東西方列強幹什麼即能學著幹什麼,還想著比別人更上一層樓。最特別的,到頭來雖然我們的規格與人一比還在樓下,輸人也輸陣,但總能驕傲地以自己搬不上枱面的行徑為榮。個人預測,島內半個月之內還有其他一到三個罪無可赦的叛亂分子要被揪出來批鬥,熱鬧熱鬧,以滿足國民們

的欲望。不信咱們打個賭，輸的人一年不打賭。

在大陸我有個叔叔，菸不離手，一天要抽掉三包，每支菸間隔極短，菸癮之重已讓我覺得不可置信，憂心忡忡，可萬沒想到咱們台灣鄉民網民們癮頭更大，每次抵制與抵制之間竟然毫無間隔，完全連在一起，一氣呵成，許多甚至還重疊著。

兩年之內，抵制行動在台灣，從手段，急速演變成風潮，如今更成為國民生活習慣，進化幅度與速度違反達爾文進化論，超越摩爾定律，差點兒不合理，還好符合《七龍珠》劇情，有點根據。現在串連抵制方便得要命，利用高科技，透過一根手指頭到處按讚，即可躲在暗處貢獻出自己那份龐大而無堅不摧的反對力量，不需要什麼勇氣，也難怪大家特別勇敢了。

時間多一點的朋友，一早上大約能按一萬個讚，按到食指都發達了，成了E.T.，仍樂此不疲，滿是成就感在胸中燃燒。下午休兵，他或她出門喝了茶，打個卡，購了物，打個卡，S了PA，打個卡，繼續地我讚你一下，你讚我一下，咱們一起讚他兩下，他又回讚咱們一人各一下，大夥更各自向外開讚，外部再反讚回來，彼此心底都好溫暖，好像是個無限大的幫派，喔不，是像大家庭一樣，心與心緊密相繫在一起，生死與共。他或她每晚回

家更迫不及待登入，看著自己一手扶植的反XX粉絲團又增加三人，頓覺君臨天下，不可一世，生活不但愜意自在，也十分有意義。

咱們人生所求的，不正是「意義」嗎？寫這指南我分外感動。

抵制行動要順利，得注意幾點：

第一，訴求要明確

好比聯合國聯合各國，偏不聯合我國，分明排擠我們，我們抵制它；六合夜市鴨肉攤不接受訂位，不讓刷卡，分明刁難我們，我們抵制它；泛太平洋戰略經濟夥伴關係協定，縮寫TPP與我國知名電子佈告欄系統PTT過度相似，分明抄襲我們，我們抵制它；網路名人朱學恒還朱學恒，名字不好記，分明考驗我們，我們不但抵制他，我們還一併抵制網路，從明天開始不上網。

第二，人數要足

抵制行動採取的必然是人海戰術，關鍵正在一個「海」字。我國舉國相攜心手相連水乳交融，相加起來乘上十，總容積約為一臉盆，幾乎足以淹死人，證明團結就是力量。

第三，氣要長不能斷

時間，是抵制行動最大的敵人。禁不起時間考驗的例子不勝枚舉，你爺爺奶奶那一輩許多人終生抵制日本貨，然而隨著一代人老去凋零，行動也隨之瓦解。時至今日，你不僅吃著日本料理用著日本相機，你還偷偷下載著日本A片，你生活裡充滿了日本，喔當然了，還充滿著韓國，你不光愛屋，你還及了烏。

第四，不可受物質誘惑

我們抵制蘋果電腦，絕不可因為即將推出的iPad 3看起來很酷炫而忍不住偷偷跑去買，背叛自己的靈魂，或是想說算了下次再抵制，或是改成抵制iMac就好。弄不好人家以為你在抵制iMax，看電影都不找你了。

第五，尋找替代品

前述兩點實務上之所難以施行，關鍵在於心靈沒有得到補償。一般抵制行動在串連之後，即立刻進入拒買拒看拒聽的步驟，主動上已無啥屁事，自是非常無聊，應透過琵琶別抱的方式來移轉注意力，好比戒菸的人要吃口香糖，抵制了A，必須藉由B來填補A的空缺才行。抵制《中國時報》的，可以改看《自由時報》，中國向來最害怕的，不就是自由嗎？抵制Makiyo的，可考慮改玩Mario；抵制死刑的，不妨改推宮刑。

第六，衡量敵我情勢

我們要抵制中國很難，敵眾我寡，所以我們退而求其次抵制中國貨，但現在任何我們還買得起的東西全都在中國生產，一抵制啥也買不得了，生活會出現困難，所以我們退而求其三，只抵制在中國生產的台灣貨，欺負自己人總容易了吧。把HTC和lativ鬥成漢奸，打著愛國主義的旗幟去抵制它們，特別不會受到質疑，國民也特別熱血。我家隔壁住了個流氓，我打不過他，可我自己小孩跑去跟流氓拿了一塊糖吃，回來非揍死他不可。

第七，不可殃及無辜

抵制行動是很嚴謹的，並不是在玩聯想遊戲。抵制Makiyo不可順便抵制康熙，不可順便抵制蔡康永，不可順便抵制蘇永康，不可順便抵制周永康，不可順便抵制李詠嫻，不可順便抵制艾力克斯，不可順便抵制湯姆漢克斯，不可順便抵制湯姆克魯斯，不可順便抵制他的孿生兄弟DRE。否則照這節奏發展下去，不出二十分鐘你就會抵制到你自己。

第八，不可追求成功

不要管它會不會成功，它反正不會成功。行動只是一種廉價的情緒宣洩，一種態度表達，更有的是為尋得那份心手相連咱倆是兄弟的情懷。我如果不讚你，我就像外人，不挺你，我就龜孫

子，我明明完全沒有參與，我竟然還得為抵制失敗扛責；而我要挺了你呢，不管成不成功，我都是你兄弟了。

　　其實我國國情與國力根本不適合搞傳統型抵制。比方說鼓吹一人一信灌爆Apple，抗議Siri不懂中文，我認為成效必定很差。如今硬碟非常便宜，容量特大，光靠寄email肯定是寄不爆它的，而且HiNet連接國外的海底電纜故障率出奇地高，就算我們每人都寄了，最終順利抵達的郵件極可能不到一半。更別說搞不好現在負責幫Apple收信的也是Siri，你寫中文它依然看不懂，功虧一簣。

　　所以我們變個方法，

　　所謂抵制，以拒買為例，勢必應該是你原本想買，可以買，買得起，可你偏不買，用以表達不滿，即使這麼做可能造成你的一些不便，你依然不屈不撓，堅持到底。基於我對你的信賴，做出你買得起的假設，你不如將一人一信的活動改成鼓勵全國一人一機，甚至一人兩機。我國不過區區兩千萬人，竟然買了四千萬支iPhone，你啥信都不必寄，下一代iPhone發售時，估計Siri會說客家話了。

　怕就怕你捨不得買，你為捍衛正義，扶貧濟弱，推動國家社稷向前，人權意識向上，所能做出的最大付出極限，就是按一個讚。

　※此文為DRE於二〇一二年二月針對國內風起雲湧的各項抵制行動所寫。

省 政 信 箱
第 三 期

問題一：

Dear DRE，常常聽到很多員工抱怨老闆的不是，今天我這個老闆想要抱怨員工。

本人最近開了間小店，請了兩位漂亮的工讀生。只能說美麗與智慧果然是不能並存的。叫她們做事，要說三遍以上，他們才會「參考」一下。本人又有不得已的苦衷不能辭退他們。

請問DRE老大，有沒有什麼辦法能讓他們聽話，別再自作聰明的幹些白X事。—by 無奈的老闆

答：

省政信箱十分同情你的遭遇，但貴公司在企業管理上明顯地出了差錯。

我們認為既聘有兩位工讀生，你應該充分地讓她們分工合作：

一個專門負責自作聰明，另一個專門負責幹白X事。

同時我們建議貴企業建立分層管理制度，將職位劃分為工讀生、資深工讀生、工讀經理、總工讀師等，為員工建立起完善的升遷管道，增益其上進心。

順頌　商祺

問題二：

Dear 省政信箱，工作上常聽到有些男人老提到自己認識誰，和誰很熟，最近才和誰一起打球吃飯等。

電視上也常看到女藝人提到某富商送給他車房子珠寶要追她，不過她不要，還是覺得單身最好。

主觀上我是認為他們在哄抬自己的身價，不過又看不出來身價在哪，去九份和220KG黃金一起拍過照，不代表就是有錢人呀？不知道您是否能幫小弟解惑呢？感激感激。──by Mike

答:

那不一樣。去九份跟黃金拍照的難度很低。誰要能去月亮上跟鱷魚拍，人們自會給予他極高的評價。

關於您的問題，我們找不出問題。

需要哄抬自己身價的，一般都是沒有身價的，自然你看不出他身價在哪兒了。感謝您的來信。

問題三：

你好，優秀的DRE大大，看完第一期的省政信箱，不管是問問題的還是回答的，都讓人看了好想唸書。

就在前年，我不知著了什麼魔，開始痛定思痛，決定起碼要大學畢業才行。雖然不是什麼好學校，但是唸起來還是覺得當時的決定是對的。

今年剛滿21，我想知道，怎樣才會像您一樣思路清晰，有學問，有深度。是唸著什麼書，碰著什麼事，或是出過什麼國。

我知道這些沒有捷徑，但還是希望您指點我一條明路。

我渴望以你為標竿─by 毛妹

答:

從邏輯看,我不曾以我自己為標竿,如果妳想成為和我一樣的人,自然不能把我當做標竿。妳應該視我的標竿為標竿。我的標竿自幼即確立,他就是科學小飛俠。

後來我發現科學小飛俠總是使我在參加〈我的志願〉作文比賽時拿不到高分,於是又把他改成先總統蔣公。

我們看不出這樣的資訊對妳有什麼幫助,可是又找不出哪裡有錯,希望妳能笑納。

問題四:

因為沒什麼錢,我老是得衡量如何花錢,以及其代表的價值,「給小孩補習花掉以免功課跟不上有補習的同學」跟「全家去旅行花掉」,兩個哪一個比較有價值?

「給小孩補習花掉以免跟不上有補習的同學」或「全家去旅行花掉」跟「存在戶頭裡當購屋基金」,兩個哪一個比較有價值?

「存在戶頭裡當購屋基金」跟「拿給70幾歲老母讓她可以退休花用」，兩個哪一個比較有價值？

別說去賣或薪水多一點就能解決問題，就是沒有辦法啊！

一個錢不多但困擾多多的人──by syinni

答：

一開始我們以效用價值論（utility theory of value）做為依據，發現回答是：看你高興。但我們唯恐你不會滿意這樣的結局，於是試著找出一點解決方案：

三分之一拿給老母退休花用，順便把小孩暫時丟給她；三分之一你和你老婆拿去旅行；剩下的三分之一拿來種竹林。

竹屬禾本科多年生木質化植物，生長快，旅行回來時，竹已成條。我們小時候一看到竹條，功課就趕上有補習的同學。

隔年，竹子就夠蓋房子了。

祝消費愉快。

問題五：

親愛的DRE您好，注意您的部落格已有一段時間了，此刻帶著尊敬又狂喜的心情寫了封信寄至省政信箱。

本人目前是在一家製造商擔任國外業務，針對有些付款方式為賒帳的國外客戶……付款時期到了……屢次催款客戶答應付款的日期……後來又放鴿子……有啥好方法催貨款？能如願收到貨款？—by purinwang

答：

在出貨時，於紙箱嘜頭處以奇異筆勾繪掠食性猛禽圖案（如：鷹、鷲、隼、鵟、鵰、鳶、鵰、鴞），可對鴿子產生恫嚇效果。

問題六：

你好，我是Ruby。前幾天朋友介紹我觀看了您的網誌，一看就令人著迷，內容詼諧有趣，言之有物而且非常中肯，好幾篇都讓人一看再看。所以想請問DRE大人，對於現在的晚婚有什麼看法？

我娘親前陣子去參加才藝班聚會，發現現場除了他以外，「大多不是沒結婚或是早年喪偶以後便沒有再婚」，從此以後每天追

著在下跑，立志要讓我在28歲前有個好歸宿。

問題是我才剛從美國回來，台灣也不認識幾個人，所以覺得再過個幾年再做打算也不遲……先跟您說聲感謝。—by Ruby

答：
將特定族群當做採樣母體，其結論不應做為解釋大眾行為之參考用途。

才藝班聚會者「大多不是沒結婚或是早年喪偶以後便沒有再婚」，屬常態現象。他們普遍因為單身，出於排遣寂寞、培養興趣，或想找尋第二春等原因，而去參加了才藝班。

若您能請母親出席東莞台商聚會，必能得到截然不同的調查結果。她恐怕將會發現，與會者「不是常常忘了自己已結婚，就是還沒喪偶前已想重婚」，而打消向您逼婚之念頭。祝您好運。

問題七：
省政信箱您好，我最近被準新娘朋友們搞得很煩，她們總是要我幫挑婚紗、幫選鞋子、幫看試妝、幫挑新婚之夜性感內衣、幫在婚紗照下面按讚。讓我無法專心地看購物網站。

　能否請您撥冗寫篇〈婚紗挑選指南〉，解決我們還沒結婚的姑婆的困擾？或是有否其他辦法能讓我的新娘朋友們冷靜下來？

　我擔心接下來還有幫選坐月子中心，幫選彌月蛋糕的問題要打擾您，不如請您就此給予建議如何治癒新娘強迫症。一勞永逸。非常感謝。—by 姑婆西

　答：
　那是一個不治之症。如果我們投資成立收費高昂的結婚萬事通顧問公司，可以邀請您出任業務總監一職嗎？

　問題八：
　請問DRE，本公司來了一個超級天兵業助，要出貨到國外的貨，收件地址居然寫我們自己公司，要賣讀卡機居然跟客人說有內建4GB記憶體，DDR跟USB搞不清楚，已經無數次害業務不能如期出貨，以及出一堆包。

　偏偏因為有著傾城傾國的笑容，老闆捨不得開除，連快遞都打電話來問她晚上是否有空。

　面對這樣的業助，我們業務該如何對付她？—by Ashley

答：

幫她請一個助理。

【本期最佳問題】：

親愛的DRE博士，小弟不才，目前是一個普通的大學一年級學生，學期中的每個星期二總是最令我感到煩躁的一天，因為那天的最後兩堂課是由一位非常自視甚高的老師來上的。

這門課大致上是在講述保險費率的計算，但是老師從來沒有在課堂上講過保險費率的計算這回事。他總是不斷的吹噓著他如何的博學多聞，並且不斷的批判這個世界。

他尤其喜歡挑戰權威科學家，像前陣子的日本海嘯，他就花了整整兩堂課的時間發表他的見解。

他說，日本之所以會發生這樣子的大災難完全是老天爺要懲罰他們過去的作惡多端，並不是那些科學家

分析的那樣，那些科學家什麼也不懂。他們的惡行有例如南京大屠殺等等等……而去年的風災水災就是上天在懲罰台灣，歐美國家則在明年會受到懲罰……等等等，諸如此類的言論。

這位老師十堂課中就有九堂在講廢話，完全沒在上課，但考試時他又會出很難的考卷考倒大家。

而且雖然他老人家總是長篇大論，唬得別人一愣一愣，不過其實其實他的言論中總是充滿著矛盾與漏洞。

有時真的很想澆他一把冷水，但又怕被當掉，更何況上學期我沒澆他冷水都被他當掉了……

誠心請教墜博士，遇到這種需要別人澆他冷水澆醒他的人，該如何處理較為妥當。

P.S為了能讓墜博士更能明白這位老師是怎麼樣的

人，特別附上他在這學期末推薦給同學的十二本書清單。這十二本書是按照對這個宇宙的貢獻性多寡來排序的：

《華嚴經》

《楞嚴經》

《易經》（By 伏羲氏）

《論語》

《道德經》

《黃帝內經》（老師註解：若要讀中醫系，看不懂這本的話就不要讀了）

以上六本是屬於聖人級別的著作，境界非常的高，這些都是老師的老師所著的書，雖然西方的《聖經》也不錯。

答：

看在您隆重地以超大篇幅提問的分上，我們不得不破例嚴肅回答，並給予您「本期最佳問題」的殊榮。

　　從上學期您「沒有挑戰老師卻被當掉」的結果來分析，我們發現，「挑戰了才被當掉」是相對划算的選擇。

　　我們建議下堂課開始，老師講一句，您反駁三句。時間允許時，可酌量增加句數。反駁五百句並不會造成更壞的結果，卻能產生反駁愈多賺愈多的爽快感受，但一切行動應至鐘響為止，不要占去自己下課抽菸的時間。

　　然而您可能並不想被當掉，您的提問只是說著玩兒的。省政信箱非常理解您懼戰的心情，同時並鼓勵您選擇忍氣吞聲來換取平安過關的可能，這就是一種風險管理，亦是保險概念的源起。它的基本費率即是以您不爽的程度來計算，當費率超出您所能負擔的程度，您就退保了。經過精算，一般大學生不但不會退保，甚至願意在不爽之餘多付兩千元額外保費投保曠課險，以獲得更為全面的保障。

　　您老師以生活化的教學來詮釋保費計算準則，我們覺得您很幸運。

伏地挺身

指　南

> 其實以馬英九的年紀和職業去參加伏地挺身大賽，誠屬不易，個人認為其體能表現實已可圈可點，不過隨行媒體應該再體貼一些，通融通融，准許他雙膝著地來做，反正只是做效果，不需要真的搞得那麼吃力。你可以只拍上半身就好，另外再補個蘋果光，不然拍出來臉紅脖子粗，畫面也不好看，有損帥哥形象。

　　伏地挺身，原為一衡量成年男子身體素質的重點指標，一般以連續三十下不間斷為基本，唯時代變遷，男性意識抬頭，為避免物化男性，已廢止此單一評判標準。在各國男權團體激烈抗爭之下，社會終於不再偏頗地以胸肌大小來劃定男性階級，是為男權主義的勝利。目前中華民國已率先改採雙標準制，將男性年收入併入伏地挺身成績計算，方式比較文明，從物化進步成量化。

　　我國社會，娶妻者如不能通過伏地挺身考核，可以選擇繳納等值聘金。不過你必須知曉行情，免得失禮，聘金的底限剛好也是三十萬，和伏地挺身的低標三十下相等，不多不少，1:10000，這是為了方便換算所特別設計而成。如果想娶漂亮女模，又實在

做不了三千下伏地挺身，沒關係，你拿三千萬出來，效力是一樣的。十多年前我有個朋友，退伍沒幾年，對未來十分茫然，卻不小心把女同事的肚子給搞大了，不得已，只得暫停一切計劃，準備結婚，可是剛出社會不久，口袋沒什麼錢，聘金只繳了三萬。對方父母眼神顯得鄙視，好像他伏地挺身只能做三下一樣，不達標。其實他至少能做五下。那時他非常激動地告訴我，以後娶媳婦，絕不能讓兒子像他一樣沒面子。我看他眼神異常堅定，心裡也跟著澎湃起來，抓著他的肩膀，要他勇敢地朝目標加油，他點點頭，沉默不語。這麼多年過去，朋友還是沒能攢到錢，好在聽說他兒子伏地挺身已經能做一百下，我才放下心中的那塊石頭。

我國國王馬英九先生，日前赴非洲參加夏令營，也露了一手伏地挺身的絕技，雖以些微之差飲恨敗北，但絲毫無損我體育強國威名，與我朋友的情況相反，馬選手背後有著強大的聘金支援，大家心照不宣。就算你們非洲國王一分鐘伏地挺了五十次，我們哪天一個不高興，或是一個高興，不費吹灰之力都能贏你幾億下。你對我們的熱情與崇拜，我完全可以理解。

其實以馬英九的年紀和職業去參加伏地挺身大賽，誠屬不易，個人認為其體能表現實已可圈可點，不過隨行媒體應該再體貼一些，通融通融，准許他雙膝著地來做，反正只是做效果，不需要

真的搞得那麼吃力。你可以只拍上半身就好,另外再補個蘋果光,不然拍出來臉紅脖子粗,畫面也不好看,有損帥哥形象。如果怕半身鏡頭效果不夠真實,還有另一個方法,就是將攝影機轉九十度來拍,拍他伏牆挺身,播出時再轉回水平即可。萬一轉錯邊變成蜘蛛人也無妨,總還是有人會信。

很久以前我就想寫有關健身方面的文章,一直找不到時機,現在恰巧是一個切入點,但是這主題很枯燥,我不知道你是否能堅持看下去。過去我時常在綜藝節目上看到健身教練與瑜伽老師傳達錯誤觀念,最常見的像是:「來,你現在跟我做這個動作,電視機前的觀眾朋友也可以一起來,一二三四,是不是覺得側腹部會痠?對,這個動作就是在幫助我們消除腰間的贅肉。」

稍微具備一點運動生理常識的人都應該知道,脂肪的消耗是全身性的,我們無法藉由特定動作消去特定部位的脂肪。減脂最好的方式是持續透過有氧運動,使自體脂肪降低並且自行重新分配,可是它就像遺產一樣,你不會知道它將如何分配,而且該屬於你的,也不會無緣無故變成別人的。重量訓練亦有一定程度的減脂效果,成長的肌肉量能提升身體的基礎代謝率,幫助消耗熱量。所以計劃性地兩者並行,將能使你獲得最大的成效。

伏地挺身算不上是個好的重量訓練，它的強度過低，對增肌並無明顯幫助，效益不彰。同時也難以被當成有氧運動，若想利用伏地挺身進行有氧代謝，你可能必須連續不停地上下五百次才行。它能在人類歷中上存活如此之久，靠的並不是強健體魄的用途，伏地挺身真正的意義是讓我們心靈得到慰藉。

大多數男人在結了婚之後會變得很懶，當然這不包括我在內，你看我更新部落格的速度，就知道我肯定是一個勤快的人。男人一懶，身材就容易走山，等我們驚覺事態嚴重，那事態已經太嚴重了，你得未雨綢繆，比如養成做伏地挺身的習慣。鍛鍊頻率必須非常密集，要有心理準備，大約是兩個星期一次，一次十下，考量你公務繁忙，改為三個月兩次，兩次共三下也沒關係。伏地挺身具有極強的短暫催眠力，能使我們產生幻覺，你的大腦將明確地感覺到身體的變化，在浴室裡對著鏡子擺出健美的姿勢傻笑，看著肥肉覺得自己非常強壯。

你甚至可以藉由其他人的伏地挺身，使自己得到快樂。尤其當你擁有了權力，可是那權力很小，小到快要看不見，很容易被人忘記，這時便可以利用「處罰人家做伏地挺身」的方式，來獲得滿足，找回自己的存在感。回想我在新兵訓練中心受訓時，教育班長動不動就要大家趴下，讓我很不服氣。人類花了幾千萬年才

學會站立，你卻違反自然，逼我們變回爬蟲類。結果我的抗議不但沒有成功，還使全隊更加水深火熱，從此我開始對權力感到敬畏。特別是那種深怕讓人給看扁了的小權力。

小時候我以為它叫伏立挺身，至於伏立是什麼意思，老實說我抓破了頭也想不出來，可是又不好意思問，我覺得那一定是個常識，同學們也一定都知道，我怕問了被笑，不敢啟齒，只好將疑惑悶在心裡。那時沒有網路可以查詢，很難找出一個問題的答案，跟現在完全不一樣。現在網路發達了，同一個問題，答案有十二種，還得去猜看看哪個才是對的，弄不好十二個都錯。我想伏立挺身這個詞用到的機會反正不多，遇到時講快一點混過去就行，一錯錯了好多年，還好沒有人察覺。到了國小不知幾年級我才發現原來正解為伏地挺身，字義非常清晰，完整解釋出伏地挺身的兩段動作，比大陸的俯臥撐和香港的掌上壓來得好，尤其後者老是讓我以為是任天堂即將發售的新款遊樂器。同時期我還發現原來黃色收費載人的交通工具叫做計程車，不是計人車。我低劣的國文程度差點令日本蒙羞，雖然我不是日本人，但當時若有人因為我的無知而嘲笑我，我一定會那麼說。

伏地挺身發展至今，出現許多變化型，透過手肘開度、兩掌距離、身體斜率的改變，鍛鍊不同肌群，缺點是效率不高，優點在

方便施行，免器材，無費用，若能持之以恆，對增強胸大肌與肱三頭肌的肌耐力，仍有相當幫助。我平均每週上三次健身房，如果我還有體力寫部落格，你一定也有時間健身，希望你們都能動起來，並且持續下去。從現在起，你要我不間斷地寫作，你就得不間斷地運動。抱歉我擅作主張，自定條款，還想逼你就範，不頂公平，但我不會讓步，這就是我們的約定。

　　※此文為DRE對於二〇一二年四月馬英九總統出訪非洲，與甘比亞總統PK伏地挺身而寫。

死裡逃生
指　南

> 切忌將髒襪子丟在牆角，那是火災發生時逃生過程用來換氣的空間，必須保持空氣清新。誰都無法貼近襪子呼吸十秒，特別是正反兩面都穿過兩次以上的。

　　太平洋中一個島，名福爾摩沙，源自拉丁文，為美麗之意。位處歐亞大陸板塊、菲律賓海板塊與南中國海板塊交界之處，地體構造活躍而複雜。夏季熱帶性低氣壓環伺，帶來強風豪雨，時而引發水災及土石流，偶有來自中國西北地區沙塵暴，建國以來天災不斷。過去島上居民求生觀念薄弱，持續濫墾濫伐，製造工業污染，興建核電，使生存環境愈加險峻，到了四面楚歌的境地。

　　獻給我親愛的島國同胞們。關於逃生的，那些你所不能不知的技巧與知識。

【第一章、水災逃生】

　　大水，古時候於未開發落後國家橫行。現我國排水系統完善，氣象預報準確，政府運作良好，已杜絕此患。故略。

【第二章、地震逃生】

　　地震發生時最安全的位置莫過於高空中。理論上保持頭部以上完全淨空，同時雙腳不踏地為最佳。相關數據顯示，麥克喬丹從杜拜塔頂一躍而起，最多可爭取到零點八五秒左右的絕對滯空安全期。我們假設你來不及熱身所以輸他一點，希望你能改變主意，考慮尋找大型傢俱掩蔽，在掩蔽物的周圍將身體蜷縮起來，即使那並不是件光彩的事。如果你堅持像個大無畏的勇士，挺拔地站立著，那肯定帥氣極了，我們保證，一定會在每次上香時憶起你的英姿。

【第三章、火災逃生】

　　一、養成良好的生活衛生習慣。切忌將髒襪子丟在牆角，那是逃生過程用來換氣的空間，必須保持空氣清新。誰都無法貼近襪子呼吸十秒，特別是正反兩面都穿過兩次以上的。

　　二、跳樓並不是一個好選項，歷史上沒有自二十四樓躍下並且生還的紀錄，就算揮動雙臂也不行。或許你靈機一動，想到模仿傘兵，利用撐開雨傘的方式來試圖減緩墜落時的重力加速度，我不確定它能不能成功，五萬美元以上的名牌傘說不定可以，但請記得選擇那把開傘速度最快的——如果你住在二樓的話。

　　三、安全門梯是最好的逃生途徑，同時也是放置鞋櫃最棒的地方。根據統計，火災發生的機率很低，使用鞋櫃的頻率卻很高，權衡之下自然應以鞋櫃便利性為主。因此平時不妨就把整組鞋櫃安置在那兒，方便使用，等火災發生時再收起來空出通道逃生即可，考量重量因素，方便移動，材質以保麗龍為佳。有些人喜歡將雨傘一併堆放在鞋櫃處，那是最聰明的做法，來不及挪開笨重的木製鞋櫃時，可即時抓起雨傘，回頭選擇跳樓。

　　四、打濕毛巾摀住口鼻，防止嗆傷。要點是使毛巾微濕即可，以免在火災中溺斃。

　　五、無須貪戀財物。如果你很有錢，燒一點無所謂，不痛不癢；如果沒有錢，再燒你也沒啥損失。

【第四章、野外逃生】

　　不亂吃來路不明的植物。如果你沒有隨身攜帶油醋或沙拉醬，它一定不會好吃。而且從你過去的運氣來看，我們可以斷定你手上的那株剛好有毒。捕捉野雁或山豬比較安全，但技術水平也比較高，不妨選擇釣魚，或直接守在樹下等兔子撞上來。台灣山區不大，不要驚慌，最多你也只會離家三百公里遠，吃飽一餐後，就可以休息了，睡個好覺，明天再逃生也不遲。如果真的想家，

非要趕著回去看電視，你也別急，

研究結果顯示，野外逃生最佳時間約為晚間九點。

我們國家地政特別之處，就是雖然政府執行力特低，該開發的地方都沒開發，可是民間經濟力特強，不該開發的，全開發了。只要在九點鐘左右聽音辨位，順著陳雷的音樂方向走，五分鐘之內就可以找到KTV土雞城。

先預祝您歡唱愉快。

【第五章、逃離女性生理期暴風圈】

暴風發生於任何時間與任何緯度，形成原因至今不明，但不用慌，你一定也不了解颱風如何生成，但你知道颱風來了要趕快跑，這就是我們所需要學會的全部知識。

它並不會造成停電，但若暴風與你有性別方面的關係，你可能必須停機一星期。原生暴風半徑忽大忽小，中心風速不穩，行進路線不定，一般建議以極速走避為原則，距離暴風圈五公尺以上為佳，勿直視颱風眼。切記不要妄想去消滅暴風，尤其不可投放冷笑話，以避免半徑瞬間增加，傷及無辜。

任何人都可以藉由背脊預測出暴風位置，成為個體觀測站，若不幸測得兩個以上暴風圈向你接近，請有所覺悟，逃跑是無效的，你絕無法連續中兩次樂透，更不可能躲過兩個暴風夾擊，請冷靜依偎在牆角，搗著嘴忍住恐懼，等蝙蝠俠來營救你。

【第六章、遭到恐怖攻擊時的因應對策】

早期人們在面對恐怖攻擊時，當下皆驚慌大喊：「好恐怖啊好恐怖。」此為恐怖攻擊一詞的由來。恐怖攻擊必定是很恐怖的，身為現代人應以平常心看待，好比去吃一碗冰豆花之前，你必然已能預期它的冰冷，並不曾因為它好冰而大驚小怪。

恐怖攻擊行動都經過了精密策劃，極少突發，可是在執行時一定是突然的，否則它還來不及發生就先被FBI逮捕了，被抓去和喜歡屁股的犯人關在一起，那就恐怖了。恐怖攻擊因此具有其不可預測性，你不可能知道它的爆炸地點與爆炸時間，一切只能交由命運，這真是一個令人悲痛的消息。所幸我們目前已知恐怖攻擊皆發生於人口稠密處的尖峰時段，不會在半夜去炸一片空無一人的草原，據此我強烈呼籲你們多往郊外走，放棄百貨公司週年慶，以遠離危險。而為確保政府機關順利運作，建議將總統府設於釣魚台，行政院在嘉南平原，立法院去綠島，考試院搬到新疆。至於監察和司法兩院，因為沒什麼作用，炸就炸了，影響不

大。

【第七章、彗星撞地球時你該怎麼辦】

彗星撞地球之前,有非常長的一段緩衝期,通常是一個月之後才會撞上地球,這是我從電影習得的知識。你應該充分利用這段時間,透過各種途徑,逃離到撞擊點的側半球:比方說撞擊點在北極,那赤道附近就是最安全的地方,只不過比較容易曬黑而已。撞擊點正對面的南極並不是一個理想的避難地點,當北極受到撞擊時,處於南極的你必定會得到內傷吐血身亡,這是我從武俠小說習得的知識。那一招叫隔山打牛。

不要幻想日本人會升空拯救地球,雖然他們的卡通是這樣演的,可是你已經長大了。

【第八章、逃離活屍的追擊】

我個人收藏了十幾部好萊塢活屍電影,反覆觀看,做為研究用途,並不是為了欣賞蜜拉喬娃維琪(Milla Jovovich)露點。我的研究結果發現,人類存活的機率與他的外型有著百分之一百的正相關。比如說粗獷型的大塊頭吧,最勇猛最強壯,他肯定無法忍受身邊孱弱的小配角拖累,而決定獨自行動,去通過一個廢墟,結果不幸被活屍包圍,無路可逃,還好小配角們靠著智慧與勇氣

合力救了他，他的性格在這一秒起即刻轉了一千八百度，變成一個異常隨和的人，融入團體，配合度比妓女更高，還免費，從此誓死保護著大家。可惜，大塊頭體重雖然最重，但八字就那麼衰，剛好最輕，最後他百分之一百將因為保護大家而死於非命。

據此我建議你，肌肉不宜過大，應以維持俊俏的臉龐為優先，努力成為人群之中最帥氣的，身高智商皆為一百八留鬍渣雙眼湛藍的那一個，那麼你一定就是男主角，從此高枕無憂，人人都要你死，可你怎麼死也死不了，即使活屍離你僅有一吋，在你腳邊匍匐著，差一點抬頭咬掉你一雙可愛的小鳥蛋，你依舊能在緊湊的九十秒搏鬥之後逃過一劫，既留住小命，也留住了小命根子，在混沌陰森驚慌的空氣裡，你甚至能臨危不亂把了一個妹，她比你先前被活屍吃掉的美麗妻子又美麗一百倍，身材也火辣得多，當然，還露點。我要是你，我逃個屁，哪裡有活屍我往哪裡去。

【第九章、閃避屁味】

屁味是日常生活中最容易發生的人為災害，氣體原存放於密封容器內，十分穩定而安全，可是閥門常常出問題。這閥門有一特點，它容易開，而不容易關，故障的情形雖然不多見，可惜操控不易，偶有意外洩出的災情發生，約佔總排放量百分之八十強，

其餘多是貯存者為滿足特殊私欲，刻意敞開大門，監守自放所致。該有毒氣體一經外洩，輕則使人昏眩，重可致死，取決於攻擊方的體質與防守方的體力。攻擊方若以手掌承接，針對單一目標，直接就面部進行狙擊，可瞬間瓦解對方意識，效果加乘。故在守備時，應盡可能採取多人聯防戰術，分散負擔，稀釋濃度，以降低死亡率。不過也有一些特別不人道的自殺式攻擊，善於利用地理環境，比方電梯，造成在場人員全數罹難，無一倖免，包括他自己。此行業之佼佼者，出氣量緩和輕柔且平順，應是閥門經過拋光，只嗅其屁不聞其聲，最為難防，不僅殺人於無形，甚至能嫁禍他人。若你不幸遭人栽贓，苦口解釋依然無效，那麼此時你最佳的反制方式並不是逃避，而是即刻予以反擊，施以報復，以牙還牙，也順道懲罰那些不聽你解釋的傢伙們，不過集氣醞釀過程應格外注意力道，不可急躁，因為引擎瞬間出力太大導致空氣流速過高時，可能攜帶一些雜質，釀成悲劇。

　　說話帶屁味，為另一種形式之變體，簡稱說屁話，常伴隨其他各類天災發生。尤以天災後各部會卸責之詞，味最濃烈，地方官員出口即成屁，七步能成詩，噗嗤噗嗤，中央局處首長以上，甚至尚未張嘴，已渾身屁味竄出。幸而汝生於斯，長於斯，居於斯，災於斯，如入鮑魚之肆，久而不聞其臭，多吸兩口，習慣便好。

撰於612水患。

※此文為DRE針對二〇一二年「六一二水患」所寫。

貪污

防 治 指 南

> 其實政府機關如此多官員，只有一個涉貪，我們才應該感到驚訝，老鼠爬進一鍋
> 粥，只拉出一顆屎就離去，公德心極強，是為大自然界的奇蹟，一傳到國際上，
> 大家肯定搶著替我們鼓掌。

　　我基本對評論貪官污吏一事興趣缺缺，上週對這新聞隻字未提，可是親愛的讀者陸續發難，希望我也能發表點什麼看法，講出個什麼道理來，或是寫得差然後被人家罵一罵都行，至少也有好戲可看。這題目事發當時太火紅了，說實話我也插不上嘴，眾多學者專家名人競相撰文，例如給老百姓看的〈給掌權者的一封信〉之類的佳作，大家寫得都很棒，很動人，義正辭嚴感觸良多。估計你們百姓看了公開信並且獲得感動之後，做官的就神奇地從此不再貪污。

　　貪污是一個必然現象。以中華民國立委為例，其薪俸加上大大小小津貼一年不到台幣一千萬，與動輒五千萬乃至上億的競選經費一比，不成比例。賠本生意沒人做，這麼簡單的原則相信沒人

不能明白，你也默默地隱忍日益鋪張的選舉文化，睜隻眼閉隻眼了這麼多年，非常體恤，如今一個立委出身的行政院祕書長被爆貪污，舉國震驚，令我非常不解。

我有位朋友又老又矮又禿又胖，是個富商，認識不少年輕貌美的酒店小姐，幾個手腕高明的小姐們每回見到他，立刻大獻殷勤，朋友自知自己外在條件再強還強不過小帥哥沈玉琳，小姐們願意倒貼必定另有所圖，但他心中卻又矛盾地留有一絲希望，幻想滄海之中必有真愛，於是在兩岸三地的酒店、K房與桑拿包養了好多小姐。結果其中之一偷了他的錢去養小白臉，有日被他抓到，他大為震驚：不敢置信！妳對我居然不是真愛！

我國民主制度實行多年，政府腐爛的原因，究其根本，並非政客掌權之後突然轉性，而是選民咎由自取，明知故犯。我那個朋友，就是你。包養一票小姐，期待她們個個視金錢如糞土，還必須一輩子是處女。

當然這例子舉得恐怕並不十分恰當，因為與政客一比，小姐玉潔冰清。

其實政府機關如此多官員，只有一個涉貪，我們才應該感到驚

訝，老鼠爬進一鍋粥，只拉出一顆屎就離去，公德心極強，是為大自然界的奇蹟，一傳到國際上，大家肯定搶著替我們鼓掌。政府如能趁機大力宣揚，抬頭挺胸走出去，說不定單靠這一次，我們不但擠進聯合國，還順利拿下奧運申辦權。缺點是我們貴為主辦國卻蓋不了大型體育館，因為太清廉，所有發包委外工程沒人要接，最後只得在魚池裡進行游泳比賽。

因此我要替行賄廠商發聲，地勇選礦公司並非毫無社會功能，最起碼它幫國家把爐渣回收的問題解決了一小半，否則我們八成也是全部偷偷倒進海裡，不像現在只有少量違法堆料，造成的揚塵與空氣污染微不足道，沒有一條魚吸入髒空氣死亡，故應該給予環保獎狀。而且人家長期認養官員，行事低調，為善不欲人知，要不是靠著這些廠商讓做官的還嗅得到一絲錢途，我們政府都要鬧官荒了。

放眼全世界，任何大型私人企業管理制度再精實，監察再完善，仍無法有效阻絕其採購單位私自收受回扣與佣金，遑論中華民國鬆散的官僚體系。你不願相信也不行，真相就是如此，少了暗盤，資本主義社會在實務上是難以正常運作的。差別只是人家公司員工領薪水用的不是我們口袋裡的錢，不好去說人家。但官

員不同，領我們的錢，賺了外快又不給我們吃紅，這是不對的，所以你特別不爽。我個人消極地認為官員向廠商揩油貼補家用，罪不致死，尤其有的委員還包了二奶，開銷難免大一點。但誰要A了國家一分錢，甚至是一捲衛生紙，或用公家網路下載了一首MP3，都應該要處死刑。規則清晰，條件公道。

事實上我國早已備齊眾多法令防範貪污，例如競選經費上限的規定，賄賂與政治獻金的定義，恐嚇取財與貪污取財的分界等等，可惜不必遵守的人看不懂，看得懂的人不遵守，形同虛設。這類法條一直屬於裝飾品，放那兒挺好看，實用性是零。我認為主因是現行法條太過繁瑣饒舌，罰責亦不近情理，應給予簡化修正：

只收錢不辦事：免刑。這麼做可使廠商賄賂投資風險提高至頂點。商人一想到疏通費用可能全數付諸流水，考慮之後，這麼傻的投資還是算了。可有效打擊賄金供應面。

可是你不給，官員也可能主動出擊向你要，為求免刑，他擺明了將不會替你辦事，但你敢不給，他一定找碴，是一種保護費的概念，我們要針對這一類不肖官員訂定罰責。我認為主要必須

在態度上予以限制，規定公務員不得使用命令口吻向廠商勒索，但准許搖著尾巴乞討，或穿著性感內衣撒嬌。口氣不佳或語帶威脅，處死刑。最重要的是保護費收費標準不可高於竹聯幫四海幫行情。

收錢辦事理所當然，也符合江湖道義，個人非常欣賞。可是祕書長說那叫選民服務，我不能同意。我在貴選區踩到狗屎，你連忙飛奔出來蹲著給我免費擦皮鞋，才可稱為服務。收了錢的服務充其量只能算服務業，是一種營利事業，也就是做生意，因此你犯了兼差罪，也要處死刑。

不過另一方面我又不得不幫祕書長說句公道話。有些人批判他上法庭沒有誠實以對，敢做不敢當。這是非常奇怪的指責。被告面對法庭皆據實以告，全盤托出，不避重就輕，那律師肯定全失業了，法律系都招不到學生了，影響很大。所以在法官面前說點屁話是很正常的，也有利於創造就業機會，問題是你的屁話師……對不起，是你的律師太差。「六千三百萬是走路工（車馬費）」顯然是一個設計不良的卸責之詞，不合情理的程度太高，把法官當成白痴，犯了大忌。因為有些法官本身也搞貪污，不可能上你的當。或許身為祕書長運氣特好，車馬費的見解完全受到採納，恭喜之餘，我也將順利開展事業第二春，著手集資在

SOGO百貨裡開妓女戶。設一專櫃,請五十個小姐賣化妝品,眉筆四千,粉餅一萬,面膜一萬六,臉霜兩萬三……每人負責一項產品,看客人買了哪一項,該銷售小姐就有很高的機率會愛上他,然後跟他上床,那錢是購買化妝品的費用,並不構成性交易。

　　法律就像一間房子,蓋得再好,難免還有些漏洞,鼠輩看了忍不住就想鑽一鑽,這是天性,所以要從法律層面去根絕貪污是很麻煩的,不切實際。還不如師法政府禁止不了賭博和嫖妓時所採行的策略,去馬祖搞一個貪污專區。那些本島高級居民所避之唯恐不及的嫌惡設施,最輕鬆簡單並且不需要什麼智商的解決方案就是將其安置於離島,本以釣魚台為佳,可惜搶不過來,故選擇馬祖。離島居民對生存的要求必定很低,只求不餓死,更何況就算餓著了在那吵鬧著,你遠在台北,耳朵一關睡衣一穿照樣躺得舒爽無比,再不成躲去非洲友邦更暖,兼可運動強身。最關鍵的是離島選票很少,計算機按一按,發現對總統選情壓力不大,肯定可以放棄。當然,一個偉大的領袖能做的更多,比如加碼哄哄人家,每週施捨小飛機兩班,飛往本島參觀高樓大廈與汽車,唉呀,全馬祖都不得不感謝你的德政了,一舉兩得,多好。

　　※此文為DRE針對二○一二年行政院祕書長林益世爆發貪污收賄案所寫。

Extra Bonus

貪 污 防 治 指 南 　 加 長 片 段

> 倒是我覺得有時候你得放人家一馬,別動不動群起串連討伐,要求官員道歉下台認錯夾卵蛋,你是為了國家前途沒有錯,可你不能強逼人家去夾一個他沒有的東西。

　　大約是二〇一一年年初,我開始比較頻繁地撰寫新聞時事議題,那次內容與死刑存廢有關,但主要寫的其實是正反雙方反應過度的現象,拐了幾個彎,導致新讀者不習慣,誤以為我支持某一方,引發讀者之間短暫辯論,後來為了降低誤會發生的機率,我第一次在文後增加補述。

　　我個人並不反對死刑,甚至偏向支持,不過這回在〈貪污防治指南〉一文裡所提及的「處死」一詞當然是誇飾,對官場文化的極度貶抑也是。所幸本次逃過一劫,未有激進派來函抗爭。這是一個很好的機會教育給各位以我為目標的年輕作家參考,當我們使用誇飾用法時,不可含蓄,應盡可能使其明顯為故意誇大,否則人家容易當真,特別是一些笨蛋。我非常幸運,當官的人是不

看部落格的，而笨蛋都去當官了。另外在此重申，勿以我為奮鬥目標，人因夢想而偉大，前提是你夢想要偉大。

在寫〈貪污防治指南〉之前，我發現我們國家的評論員長期存在一個問題：特別喜歡引用英國史學家艾克頓爵士的「權力使人腐化」一說，要掌權者引以為鑑。這犯了兩點錯誤。第一，看到人家爵士身上的衣裳漂亮就借來穿，像是想顯示自己也有同樣的衣著品味，或表示自己知識淵博，知道有這麼一件衣服可以借，結果不斷撞衫。我覺得姑且不論過季沒有，那衣服再美也是人家的，有本事你自己設計一套新的來借人家穿一穿。更何況那件是英國剪裁，你那體型得了吧。第二，人家濃縮為一句話就講完的現象，你又還原成一大篇做什麼？

在中國歷史傳統上，賄賂與生活密不可分，從來做家長的逢年過節送禮給孩子的老師，老師都是眉開眼笑收下的；老婆剖腹生產，老公也是雙手奉上紅包，希望醫生多多關照。這是我們的文化，有時甚至是一種禮數，你不給，人家恐怕嫌你不懂事，不上道。此外，女兒入學，兒子入伍，老婆買LV，二奶訂錢櫃KTV，碰上什麼困難或阻礙，我們若能撥電話關說一下，疏通疏通，走後門，兒女妻妾鐵定都要露出崇拜萬分的眼神，並向朋友炫耀著自己老爸老公多罩，多VIP，而我們回頭照照鏡子，也感到自己

帥得要命。

我們的文化使我們在沒啥實權可以讓自己開始腐化之前已經腐爛了。

除了沒有出色的評論員，我們國家本身也長期存在一個問題：沒有出色的政府。當然一方面是選民選得差，可我事後想想，也不能全怪選民，因為在我們這個國家，只有特別差的三流的邊緣貨色，才會選擇從政。從結果回頭去找原因，有很大一個成分是我們這個國家貪污的情況不夠嚴重，吃香喝辣的不多，於是菁英分子多半寧願選擇從商。這意思當然不是說務農的裡面沒有人才，因為農產品進入市場之後，可轉換出實質利益，也具有使菁英分子投入的誘因。可是從政不但沒有這些利益，連一些不屬於他的，看了他要流口水的，他還得迴避。政治人物所能擁有的只是一個對國家社會的抱負，能追求的只是一個理想，偏偏理想是不能當飯吃的，做官也不如古代威風。此為問題根源之一，官員收入低，油水少，還時常需要夾著卵蛋挨罵，照理說連叫化子都不願意幹這行的。可是我們還是可以看到許多人搶著進去夾，為什麼呢？因為貪污雖不嚴重，但也不是沒機會，只是風險比較高，高到二流的人開始猶豫不前了，而三流以下的還是願意試一試的。

　　倒是我覺得有時候你得放人家一馬，別動不動群起串連討伐，要求官員道歉下台認錯夾卵蛋，你是為了國家前途沒有錯，可你不能強逼人家去夾一個他沒有的東西。

　　憑良心講，真正一流的，一心為國為民的，童話故事裡的政治人物在中華民國雖不多見，倒也零星出現過幾個，約佔百分之一，其中選得上的佔百分之零點一，能堅持理想到底的，再乘上百分之零點零一。我數學不大好，小數點太多算不出來，猜測計算結果百分比應該不高，但高於我的存款比上林益世的贓款，或者林益世的智商比上我的存款，馬英九的眼光比上林益世的智商，胡忠信的X檔案比上馬英九的眼光。X卵蛋比上X檔案。

　　※此文為DRE針對行政院祕書長林益世爆發貪污收賄案後，名嘴胡忠信預言馬政權將出現長崎原爆，同時聲稱其手中握有X檔案，事後卻拿不出資料證據，所做出的回應。

省 政 信 箱

第 四 期

　　恭喜信箱在八方壓力之下不得不重新登場。這事要算上本年度
敝部落格大事紀之一，原計劃辦得隆重一點，後來一打聽，碧昂
絲太貴了，忍痛放棄。本人在短暫藏匿一陣子之後，懷著感恩的
心選擇鼓起勇氣站起來重新面對社會，當然最感謝的是在這次風
波裡（註），志玲與我的親密照片並沒有外流。

　　省政信箱從本期開始將於內部作業上做出些微調整。過去幾期
一律都是依照來信時間的先後順序，稍做篩選之後逐一回覆，後
來產生極大的缺失，那就是晚來的人可能要等上五年，弄不好都
已經往生了，逼得我只能改一下規則：每封信每個字我一樣每天
或每隔一天就會一一仔細看完，20%特別值得回覆的，特別有趣
的，或對人類進步與國家興亡有特別貢獻的大哉問，優先回覆；
40%同以往，照次序挑著回覆；另外40%改成隨機摸彩，好讓晚
到的人也有機會能在生前得到答覆，了無遺憾。可是你不能同一

個問題寄好幾次，想增加中獎機率，這點跟樂透不大一樣，請務必遵守。不過算牌是被允許的。

省政信箱延誤交貨的情況將獲得改善，請不吝持續來信支持，我正設法將一部分外包給富士康。

本期入圍的提問有：

問題一：
Dear DRE，您好。有個情感問題，想要請教您，盼望您能用獨到的眼光來幫我分析一下。

是這樣的，我最近喜歡一個男生，我們在網路上的互動也算不錯。後來我寫了一封信向他告白，他並沒有直接回答我，也沒有跟我斷絕聯絡，只會偶爾交待一下他做了什麼事。

這樣的態度，我該怎麼看？是要抱著期望，還是就算了？謝謝您。—by 小白

答：根據信中描述判斷，妳倆原應僅止於網友關係，一網友突如其來的真摯情感告白，不免令對方網友驚慌。要知道男生的心

靈是很脆弱的，一碰即碎，好像溪蝦一樣，妳動作太大，他就嚇得彈開了。不過溪蝦的意志力很薄，沒有能力抗拒嘴邊的肥肉，所以再彈也不會彈遠，他只是躲在十五公分外的石縫安全處保持距離在那觀望，研判一下眼前這肥肉究竟是吃了要背負慘痛的代價，還是說吃完也不用付錢就可以離開。建議妳先兩手空空，跟溪蝦交朋友。台灣青山綠水，蝦多且笨，一撈一大盤，妳急什麼呢？

問題二：

單身三十中女性，身材很差，脾氣很差，勉強餬口，但擇偶標準自認開的很高，所以目前一無所得，雖然獨身是選項，但不知道以後會不會後悔，現在要先降低標準，選一個過過看嗎？—by May

答：

為避免妳十年後來信表示後悔，建議先選一個過過看，或者過過癮也好。妳開出的條件頗高，依我看溪蝦基本上是滿足不了妳了，妳要找的是一隻龍蝦。請容我好心提醒，龍蝦雖然看起來豪華一點，衣著品味高一級，但肉質相對比較老，我怕妳脾氣差吃不習慣。而且大前提是妳這輩子要抓得到才行，考量年紀，不能冒險了，我看不如就買包蝦味先吧。人家六月都嫁給李易了，妳

五月怎還不急呢？

問題三：

Dear Dr. DRE，請教一生活瑣事，事小但每每因之不快，想到因小事而不快就更不快。

小弟好潔，最惡馬桶不淨，在外見到馬桶邊緣有尿漬總難以忍受，發作起來甚至會拿紙巾幫人把馬桶擦乾淨。

因此長年思考男性以立姿小便時，如何不使濺出。

初將水流瞄向馬桶內壁，但濺之甚大，想來是因為桶壁堅硬，無法吸收水流能量，自然會有由壁上反彈之液體飛出。再試將水流瞄向馬桶內水面中心，效果仍然不彰。雖然水能透過變形來吸收能量，但變形不僅產生波浪，也產生飛散的水珠。

後來嘗試將水流瞄準馬桶內水與壁面交界處，略偏壁面。理由是部分能量由水吸收，但使其不足以產生能夠飛出馬桶的水珠；部分能量經由壁面反彈，同樣因能量減少而減少直接彈出的機率，並且，反彈再入水面的水流，其能量也減少至難以作怪的程度。

　　一直使用此法，直到買了一張原木椅子擺在馬桶邊，因木頭沾水會有明顯的痕跡，才發現濺出仍多，不快感再次襲來。坐姿小便可免濺出，但娘掉了不妥。

　　恭請大人賜解。──By 老李

　　答：

　　主要與垂直距離有關。考慮到重力加速度的問題，應於排放時盡可能將您的導管貼近水面並與水面保持平行，最好能將龍頭直接置入水中。不過這兩個姿勢動作所需要的體力很高，適合年輕人。四十歲以後反正滴得到處都是；直接尿馬桶外面得了。

　　問題四：

　　DRE大，您好，在下長期拜讀您的文章，受益匪淺。面對社會上光怪陸離的現象時，透過指南系列，往往能找到方向，想必DRE大也受到過不少讀者要求提供〈火鍋選擇指南〉、〈手機選購指南〉或〈國籍選購指南〉之類的東西，希望您可以提點讀者。

　　DRE大應該是回都回不完。很遺憾，這封信的目的，也是。但請先不要刪掉，如果可以排隊的話。

　　最近遇到不少婆婆媽媽阿公阿伯在詢問，他們小孩孫子要怎麼選大學、專科、系所，希望我給個建議，但我總是回答不出個所以然（或者回答不出他們滿意的答案）。因此懇求DRE大能指點，不同家境背景的年輕人，該唸大學還是技職體系的專科？該選校不選系還是選系不選校？還是DRE也是學歷無用論者？

　　謝謝。──by Kent

　　答：

　　如果你只是想知道怎麼選最棒，那麼毫無疑問的，最好選校又選系，比如哈佛法律系。非得在校與系當中擇其一，則應以選校為優先，看哪個學校party比較多，離家比較遠。

　　我給青年學子的忠告是，無論學歷有用無用，大學非讀不可，現在大學好像以前小學一樣，你不唸完它，未來面試時恐怕主管覺得你怎麼連小學都沒畢業就出來混。用人有眼光的老闆並不常見，他們往往不慎拔擢了一些不怎樣的人當一級主管，主管又找了幾個很差的做基層幹部，這幹部就是你初出社會面試會碰到的人，其中一些智商很有限，必須藉由應徵者的學歷去衡量那人的能力，這時文憑就派上了用場。然而幹部最在乎的一件事可能是他會不會哪天被你給幹掉了，於是決定錄取那個看起來比他還差的。所以一般來說你差不多考到東吳就可以了。

科系的重要性很低，各行各業都有出類拔萃的，也都有混不下去的，成功仰賴你的興趣、努力、才能與運氣，比重依次遞增。登在雜誌上的那些給畢業生的建議，大半是自以為是天才的蠢材寫給蠢材看的，不過當然也不是毫無幫助，你看多了，總能學著認識幾個國字。

問題五：
在經過深思熟慮大約1.87秒之後，還是決定問您這個問題，「該如何成為本期最佳發問這項殊榮的得主呢？」

問這個問題其實有點為問而問的感覺，可是又想知道您訂定本期最佳問題的時候是否有一個標準，還是純粹只是根據氣毛值，亦或是根據當期平均天氣濕度，佐以NASA最新衛星陣列收取太空阿法波的立方根去選，想來想去不僅勞神勞力就差沒勞保了，因此想斗膽一問～

但是其實在問這個問題的同時，我心裡一股想競爭本期最佳發問的念頭不禁油然而生～

如果真的得獎，我想我要先感謝我的父母，感謝ADSL，感謝當初把您的部落格分享給我閱讀的朋友，以下族繁不及備載……

最後感謝DRE省長在平日的繁務中撥冗閱讀，在下銘感五內～

P.S.本文開頭的1.87秒是以銫原子鐘所定之一秒為基準計算。

答：你想得太複雜了。他們只是隨信附上了支票。

問題六：

我有個室友，深夜時就會盯著電腦螢幕開始發出奇怪的笑聲。每隔兩三秒就會發出「哇哈哈哈哈哈」，「呀科科哈哈」，「哈哈呵呵哈哈哈哈呵呵」，「唷哈哈哈」等無法自拔的高頻尖銳笑聲，我深受其擾，不知道要如何制止他特殊詭異的大笑來保護我無辜的耳朵。

我有跟我其他室友討論過：砸他電腦，怕被發現要賠錢。他睡覺時用三秒膠黏住他嘴巴，怕他無法呼吸，造成生殖系統受損。剪他網路線，比第一個選項便宜，列入考量。把那些奇怪的網站都鎖住，此選項需要技術支援。教他如何正常大笑，此選項時效慢，花費精力成本太高，與效益不符。

討論後不知道如何才能在不傷及我們薄弱的友情之下，來確保寢室安寧。—by 困擾的室友

答：你們討論出這麼多方法，怎麼會沒想到用三秒膠黏住自己耳朵呢？

經查，聽覺器官和生殖系統並無經脈連動，副作用低。當然如果你耳朵長包皮，那就不行。

所以我們也提供你另外一個方法：把你的手錶弄壞，這樣便無從得知他到底是每隔兩三秒就發出笑聲，還是每隔兩三小時才笑了。

問題七：
D大您好，藉著女朋友的大力推薦你的部落格，發覺您的論點真的是有力又有趣。

最近小弟一直為了一件事情苦惱著，希望D大能幫忙指點迷津。

小弟已到了適婚年齡，目前有個感情很好的女友，我希望以她為結婚對象，來當我一輩子的另一半。但是問題來了，家母對於未來的媳婦要求甚高，總是希望我女朋友能多做點多學一點，而女朋友只能默默去學，也倍感壓力，我看了也很不忍心，對於這一點，有跟家母溝通過，最後達成了慢慢來，先不談婚嫁的事。

　　結果因為家母的個性，總是說不急的是她，最急的也是她，一直唸唸唸不停，搞到從來沒跟他頂過嘴的我，大聲地回頂到讓她無話可說，搞得家母大哭，我也很生氣，但最怕的是因為這樣影響到女朋友跟家母的感情。

　　但我實在忍受不了家母的個性以及咄咄相逼，我只是想知道，我到底有沒有做錯，到底該怎麼做才是明智的？—By 台中艾先生

　　答：你沒有做錯，是你的女朋友太自私。她把一個好東西大力推薦給你，卻沒有推薦給令堂。

　　硬要說你有什麼做得不妥當的地方，就是你跟令堂頂了嘴。

　　你應該同時跟令堂以及你女朋友頂嘴。

　　婆媳相處的關鍵在兒子，我在這裡和你們分享一個不傳的獨門祕訣：最好同時與她們兩人持相反的意見，好比辯論賽，有正反兩隊，誘導她們站在同一陣線來對抗你。母親是永遠不會討厭自己的兒子的，這樣做對你並不會造成任何傷害。你不妨在日常聊天時挖洞給自己跳，尋找一些無關痛癢的，不傷和氣的話題，比

方說她們覺得電影「那些年，我們一起追的女孩」真好看，或九把刀好帥，你就要咬起牙唱反調，說謊也沒關係，說朱學恆才英俊，好讓她們多點機會一鼻孔出氣，拉近彼此距離進而培養出感情。這道理如能透澈理解，婆媳關係定可大幅改善。

【本期最佳問題】：

Dear DRE，近年來台灣盛行各種彩券，總算將我中華民族的賭性發揮到一個極致。從以前未逢過年只能偷偷摸摸的小賭怡情，到現在可以大街小巷來張樂透的大賭致富。

令我困擾的是，我總是能在樂透開獎前一天夢到開獎的數字。只要我不去下注，也不告訴其他人，這些數字就是隔天開出的頭彩中獎號碼。

但若我去下注或告訴他人，則開出來的號碼則就不同了……

請問我該如何才能賺到頭彩獎金呢？—By 共飲長江水

【本期最佳解答】：

把沒夢到的數字都跟我說。—By 讀者Jotaro

現在你可以下線去訂法拉利了。

省政信箱，下次見。

註：指李宗瑞不雅照風波。

失戀
復健指南

> 我們兩性專家的觀點有時候會不小心地局限在自己的那個的性別裡,所以你應該小心地向不同性別的專家諮詢,或者不要諮詢,或者向一株盆栽諮詢,其結果幾乎完全相同。

事與願違,失戀的哀愁並未隨青春年華離我遠去,多年來它從未消失,如影隨形,最近甚至細胞分裂了。

我身邊永遠會有一個熟或不熟的朋友正在失戀。省政信箱裡則有一百個。

我的信箱忠實反應出中華民國高失戀率的趨勢,而信箱數字還遠遠低於實際情形,除非全國失戀的人都寫信過來了。為瞭解實際災情,我透過「費米推論法」(Fermi estimate)演算了好長時間,想取得更精確的量化分析,最後發現同時間同在失戀處境的人口數全國應該要有五千萬,超過人口總和,而得出一個結論,就是我換算錯誤,數學不及格。這都要怪我的數學老師當時沒有強力阻止我在課堂上偷看汽車雜誌。

　　個人覺得活在人世間有些事不需要高等數學，比方買菜；另一些事你數學再好也算不出來，比方現在。但汽車我總是會買一輛的，從小我就有這遠見。

　　最後我用我兩個智力最高的組織——膝蓋與肚臍眼，合力推定失戀人口龐大，每分每秒都在各城鎮發生著，早已形成社會生活常態，好像我們的失業人口一樣，有啥稀奇？這種事不需要寫信的。

　　我不是心靈導師，我不能夠告訴你「失戀使人成長」，我說這句話太勵志，與我的經驗有異。失戀明明從頭到尾都是慘事，慘絕人寰，無需為了安慰一個人而編個說法去美化它的功能。說那好話的肯定沒有一個是剛被拋棄的，好比我坐在屋裡喝著熱茶，對著窗外雪地裡的一條狗說：寒冷使狗強壯，你笑一個吧。

　　以前班上有位男同學姓李，是江湖少見的頂尖失戀高手，大學四年被分手的次數足以申請金氏世界紀錄，屢戰屢敗，分手率百分之百。畢業之後我們很少聯絡，只聽說後來他成為一名教師，並沒有長成大象。所以說失戀並不會使人成長，吃飯才會使人成長，失戀只會讓人成為不跟同學聯絡的小混帳。而如果你詭異的一生居然需要靠失戀來成長，那你絕對要多方嘗試，搞不好吃幾

片桑葉你就能吐絲了。

　雖説失戀沒什麼實質功能，倒也不用過於悲觀，那只是生命的一種過程，好像騎腳踏車跌倒，游泳嗆到水，逛街踩到狗糞便，這輩子人人都要發生幾回的，只有極少數八字異於常人的朋友能倖免於難。不過説「倖免」也不是很妥當，因為失戀其實只有在當下算是一場災難，數日乃至數年之後引發的後續效應可能非常巨大而正面，沒有人知道這件事與那件事交錯之後將在未來對你人生的路線產生什麼幫助與影響，當然你若只是坐在那裡哭，很快你便會得到一個眼睛很痛的影響。「混沌理論」（Chaos Theory）能夠説明這一切，你也可以看電影「蝴蝶效應」第一集導演版，或者查閲字典找出「塞翁失馬」的解釋，進一步參透禪機。大意是説一個人失去了馬子不見得是壞事。

　至少有一個好處是顯而易見的，失戀所釋放出的多餘時光讓人擁有短暫的自由，去做原本被羈絆著不能實現的願望，像是獨自出國旅行，熬夜打線上遊戲，或者參加我們都嚮往的高級女子瑜珈社團。每件你原本在那個時間點上不可能做的事都有機會徹底改變你的人生際遇。不少人選擇把所有時間心力全部用來拚命挽回對方，我無法告訴你這麼做的結局是好是壞。談戀愛好比看電視，而失戀就像廣告，兩者都是他媽的最令人討厭的，有人堅持

耐心等下去，有人心一橫就轉台了，別台可能更差也許更好，我說不準。誰也說不準。我們正享受著沙發裡的安逸，沈溺眼前平順的播映，卻被逼迫著起身去做那個高度不可測的決定。所以女人碰上廣告就先痛罵人家，男人則一心想著老子哪天有了錢，得買兩台電視才行。

　　男女對失戀的反應是不一樣的，這是一個大的問題。我們兩性專家的觀點有時候會不小心地局限在自己的那個性別裡，所以你應該小心地向不同性別的專家諮詢，或者不要諮詢，或者向一株盆栽諮詢，其結果幾乎完全相同。

　　更有效療傷的方式不少，認識新對象是走出情傷最快的路徑之一，我沒有權力攔阻也不敢冒然鼓勵，只能提醒你要記住不可抱著尋找替代品的心態。「替代品」一詞顧名思義指的是質量比較差的，也不一定合用，好處是買入成本特別低，但你得格外提防那些專門設計來讓猴急呆子們上當的山寨品。改裝品稍微貴一點，維修保養也麻煩，可是他媽的就是性能好。我們若打算使用那個零件一輩子，性能與年限不能不考量。當然另一方面你要考量自己的能力，不然兩個月後撐不下去又法拍了，全部又重來一次，省政信箱不堪負荷。不如放慢腳步吧，順便把握時間充實自己，過去的就讓它過去了。拋棄回憶的確很難，可是人不能老是

活在回憶裡，大家都應以我為師，學習遺忘的藝術，例如說對數學的記憶好了，不費吹灰之力都能忘光，我就這專長，記性不行，忘性特強。

要訣是你不能每天在那兒提醒著自己要忘記某件事。

這點知易行難，若不幸想起，請別自責，急救的方法還是有的：趕緊反過來逼自己別忘記這件事，心中默唸不能忘不能忘，信念要強。隨後它便會像你出門前明明還記得千萬要繳費的停車單一樣，莫名其妙又被忘掉了。

有時候我們只是不想遺忘，讓自己心裡還能留有一絲希望，幻想有一天他會回到你身邊。不知道最後你成功沒有。這一點你和我一樣，我總思念著遺失在彼岸的那片國土，要是我能學會像你那樣失魂落魄想割腕自殺，說不定它就整片靠過來了。不信你活下來等著瞧。

忘卻悲傷經常得花上好幾個月，初學者可能耗時更長，一小部分來信者因此希望我能提供幾帖祕方，好讓一個人可以迅速變成冷血動物。如果這是你想達成的目標，我的確可以助你一臂之力，不過在動此手術之前，給你三天的時間思考，並請來信告

知，你要的外型是蛞蝓還青蛙。術後你必將風流倜儻，當異性為玩物，視相思為無物，不會為情所困，不再為愛所苦，雖然那其實是人生第一可悲的，可是人人都會誤以為那是最快樂的，連你自己也是。我不但在外型上給你做改變，順便連腦子也給你洗了。

　大部分來信的朋友都只是想找個人傾訴，雖然我明知無力──回信還是用心把每個字句讀了來報答你們明知我無力──回信還是用心把每個字句寫了寄了。很慚愧不能幫助你們什麼，只能給各位打打氣，請永遠保持信心，無論失敗了多少回都別絕望放棄。失戀一次就再也不相信愛情的，你太傻了。即使中獎機率很低，樂透還是要買的。

新書
購 買 指 南

有些書名就叫《XXX速成》或《通往XXX成功的捷徑》,多合理,速成是不能太厚的,太厚你就慢成了。唯一不合邏輯之處是在真實世界裡只有失敗才有捷徑,傻B才能速成。

根據本人母親親口描述,吾甫一出生即聰穎過人,為一天才兒童,自幼熟讀各期《讀者文摘》、《中央日報》,姿勢同父,棄書桌而就床鋪,腿如二郎,半坐半躺,苦讀不懈,一連數日。最神奇的是第一次看書竟然沒有拿反,那年我八個月大,成為地方佳話,村民皆欲參觀之。

可信度堪疑的中國民間故事注定天才兒童長大後必將飽讀各式書籍,興趣廣泛。事實上也的確如此,至今我完整閱讀過的書籍數以千計,涉獵主題無數,而且從來不用書籤。過去我總能不費吹灰之力一口氣看完一整本,書籤毫無用武之地,而現在讀兩行即忘記,看五行便睡去,書籤不知該插哪裡。

　　台灣每年出版新書四萬種，人口只有兩千萬，換算起來平均每年每五百人就有一人從事寫書或譯書工作，加上編輯排版印刷銷售從業人員，文化事業蓬勃到不行，代表教育普及，知識水平高，是一個文化大國。反觀法國人口六千萬，每年竟只有區區六萬種出版品，相形之下就是一個文盲小國，據說首都巴黎的鄉巴佬都嚮往著此生能夠來到台北淡水河左岸感受文人氣息。不過實際上來的人並不多（準確一點說，是沒有人來），估計是因為人民窮，花不起。不像我們有錢，心腸又好，經常一團團地專程過去給他們看。

　　個人特別特別喜歡買書，從學校畢業之後每年都在這方面消耗巨量金錢，目的是加速彌補在校期間知識與智商的嚴重損失。求學時，尤其是背負升學壓力的階段，我是不大看書的。我老不明白為什麼在我明顯對三角褲更感興趣的時候逼我學習三角函數。同時我認為一個人喜歡什麼樣的書，他自然會去讀了，不需要任何人強迫。而如果到了高中還不知道自己喜歡什麼，基本上這個人也沒什麼指望了。像我高中時就特別喜歡《七龍珠》。

　　人類靠著知識累積與傳遞不斷進步，固然極為重要，基礎通識每個國民都要學習，日常生活才不致出現障礙。可是過去義務教

育有些學問稍難，若無興趣，學來忘記，便是種浪費，不環保，比方説高中化學科目的XXX單元。對不起舉了一個虛無的例子，因為我不僅早忘了那些艱澀無趣的單元內容，我連單元名稱都想不起來。

可是《七龍珠》，你現在隨機考一格畫面，我立刻就能把對白全給填上，正確率極高。差別之大，其中一個主要原因是咱們課本編寫得非常差，可讀性零，完全吸引不了我。國家找了一幫不會講故事的專家正襟危坐集合編纂，期使學生勤奮自讀，結果學生都在自瀆。

一本書的可讀性高低是非常重要的，完全與一部A片的可看性高低，一款遊戲的可玩性高低，一輛汽車的馬力高低具有同等的重要性，在設計時必須用心注意平衡。你造出一輛卡車，載貨量五噸半，可是馬力只有兩匹，有什麼意義？寫書的，尤其是遞送知識的，要懂得把艱澀的學問講得簡單，枯燥的事情説得有趣，才是功夫，可惜國立編譯館欠缺這樣的能力。所以過去我有個毛病，買課外讀物極不慎重，心想這作者造句能力再差也差不過課本吧。我總習慣亂槍打鳥，隨手抄起一本，看看表面光澤不錯，重量也夠，再拍打幾下，聲音沉悶扎實，就買了。幾年下來的心得總結就是，竟然還有比課本更差的，不可

思議。

　書可按內容分為幾個類別，我國有一種書，數量不少，追求讀來完全不用大腦，但求一個暢快，紓壓，上午讀進去下午就拉出來。每次看暢銷新書排行榜，我就能感覺百姓生活壓力一定很大。另外還有一類書也賣得很不錯，教大家如何投資賺錢，從前我也挺愛看，好像有人喜歡愛情小説一樣，具有望梅止渴的補償作用，兩者同質性頗高，只是小説家普遍比財經作家傻B，他們竟然承認書裡寫的東西是假的。聽朋友說最近幾年葡萄酒書在台灣賣得也還可以，呼應了我先前提到的文盲法國的説法，法國人喝葡萄酒是不看書的，而我們是不看不行，因為我們文化高啊，高到我們有一間大學叫做文化，都要蓋在山頂上。

　作者也可分成幾個品種，有的愛將小事説大，化淺為難，配合《六法全書》條文般高級的文法鑲嵌一下，倒裝兩下，類疊三下，把一行白話盡可能寫到最複雜彎扭，將一加一這麼簡單的道理用十個不同的面向去解讀，搭配古今中外各式理論去佐證，引經據典，最後得到一個「等於二」的結論，不這樣弄顯現不出他學問好，這是學問不好的人最害怕的事。身為一個程度一般的讀者，這類作品令我感到最是吃力，總在閱讀中途卡住，不斷停

頓，需要重新凝聚注意力，反覆數次才能將一句話讀完，看書的
過程好像小便一般。而國立編譯館則屬於反面那一類，雖然寫文
章不太行，至少人家學識還是有的，只是不懂得如何表達。你不
妨將他當成粉絲，而你自己是S.H.E，從內心去感受他那有話說
不出口的可愛，從而接納他。我要早點發現此方法，當初肯定進
台大，不會一輩子只能在對面吃剉冰而已。

　爛書多歸多，幸好優秀的還是佔大多數，超過百分之二。現
在實體書店環境很棒，讓人免費坐著慢慢看書，順便免費看看姑
娘；網路書店科技也先進了許多，還能放大縮小直接預覽，已將
買錯的可能性降至最低。不像我們早期唸國中時在光華商場採
買A片，只能從與內容完全無關的片名去預測影片的火辣程度，
影帶連封面都沒有。一本破爛簿子，上頭手寫記載著編號和片
名，國籍是唯一的重大情報。以前沒什麼經驗，小簿子幾個人傳
著看，在半掩的鐵門裡不敢放聲討論，胡亂買了幾片趕緊逃離。
回去隔了好一陣子才找到機會播放，一播，買三片猜錯兩片，又
已經超過鑑賞期不得退貨（那年代鑑賞期比較短，大約是你走出
店門口就過了期限）。只好拿猜錯的這片去跟同學交換他猜錯的
那片，結果他那片更爛，逼供之下，我操，原來是跟隔壁班學長
換來的，還B拷，畫質不清，最精華的片段來回倒帶太多次，磁
帶磨損得特別厲害，已完全無法辨識其體位角度與行進速度，只

能憑藉想像，看A片居然還得意淫。最慘的是VHS錄影帶體積龐大，提高了校內交易的風險，萬一貪心多塞兩捲，放學剛出校門口單車一跨就從書包裡掉出來，掉在主任的腳邊，嗶嗶哨聲響起，你就完蛋了。那時我覺得生活真苦，連盜版的都買不太起，千辛萬苦換來的還被沒收，忍著淚我就從那一刻起決定奮發向上。

　　如今購物環境雖好，但買書量特別大的消費者，其實根本沒可能在購買時杵在書架前一本一本慢慢翻閱，佔用了寶貴的看姑娘的時間。面對每個月幾千種新書上市，我靠的是快速掃瞄書皮的能力，結果出版社利用這點，在書皮上做手腳，又導致我時常買到書皮比內容精采的，書裡唯一能看的幾句話全摘錄在書皮封底了。有時書皮留白處頗多，我心想大概是為了美術設計，只放上五則佳句，以保持版面舒適清爽，回家讀完才發現完全是因為找不出第六句合格的。另一種書皮則是讚美之詞太多，多到滿了出來，封面都放不下了，非得加上一圈書腰才寫得完，上頭滿是名人感言，排場直逼告別式。所以現在的書皮也已經失去參考價值，它只是一層美麗的糖衣，一件性感的魔術胸罩，無須戀棧，你得趕快扒了它往裡瞧瞧才行。

　　書是非常廉價的商品，道義上我們不能要求太高的品質，在台

灣認真地一字一句敲出一本超過八萬字的好書的,在生物學分類上屬於傻子與呆子,與付出的心力相比,肯定要虧本的。但咱們亞洲人聰明,內頁字級加大,行距拓寬,天地留白佔據版面三分之一,公設比百分之三十,號稱五萬字,實坪不足兩萬八,陽台還外推。更有甚者,輔以大量插圖填充物,每一條劣質四格插畫即可獨享一頁,一斤雞灌水成了三斤半,賣你兩斤的錢,你還在那感激呢。要是書皮外頭加張爆炸貼:優惠特價七九折,我看你都要搶購了。當然這種程度還不足以彰顯台灣作家與出版社的智慧與巧思,所以有些更天才的索性直接寫得薄薄一本,書名就叫《XXX速成》或《通往XXX成功的捷徑》,多合理,速成是不能太厚的,太厚你就慢成了。唯一不合邏輯之處是在真實世界裡只有失敗才有捷徑,傻B才能速成。

其實買錯書的風險並不在於金錢上的損失,而是由於我們大腦的記憶體容量不高,而且當初在設計上跟iPhone一樣,不能擴充,塞進一本就少掉一本的空間,很快就磁碟已滿,記不住昨晚床上那書店妹的名字。此外我們的壽命也很有限,讀完一本就少掉一本的青春,你可能連菸都不敢抽只為了多活兩年,結果一共耗費五年閱讀爛書,捨本逐末,這樣是不對的。可是話說回來,每個人買東西都有自己的一套邏輯與喜好,無關對錯,好比書能當做收藏,亦可用於裝潢,用途不一定,也就沒個準則,沒有人

能替你決定任何事，所以像《XXX指南》這種的也不要買，那是
騙子寫的。

　　《指南》，寶瓶文化出版，二〇一三年一月二十一日上市。

國家圖書館預行編目資料

指南／DRE著. --初版. --臺北市：寶瓶文
化, 2013. 01
面； 公分. --（vision；106）
ISBN 978-986-5896-15-7（平裝）

1.社會心理學 2.消費行為 3.消費心理學

541. 7   101028100

vision 106

指南

作者／DRE

發行人／張寶琴
社長兼總編輯／朱亞君
主編／張純玲・簡伊玲
編輯／禹鐘月・賴逸娟
美術主編／林慧雯
校對／張純玲・陳佩伶・劉素芬・DRE
企劃副理／蘇靜玲
業務經理／盧金城
財務主任／歐素琪　業務助理／林裕翔
出版者／寶瓶文化事業有限公司
地址／台北市110信義區基隆路一段180號8樓
電話／(02) 27494988　傳真／(02) 27495072
郵政劃撥／19446403　寶瓶文化事業有限公司
印刷廠／世和印製企業有限公司
總經銷／大和書報圖書股份有限公司　電話／(02) 89902588
地址／新北市五股工業區五工五路2號　傳真／(02) 22997900
E-mail／aquarius@udngroup.com
版權所有・翻印必究
法律顧問／理律法律事務所陳長文律師、蔣大中律師
如有破損或裝訂錯誤，請寄回本公司更換
著作完成日期／二〇一二年九月
初版一刷日期／二〇一三年一月
初版四刷日期／二〇一三年一月二十一日
ISBN／978-986-5896-15-7
定價／二八〇元
Copyright©2013 by DRE
Published by Aquarius Publishing Co., Ltd.
All Rights Reserved
Printed in Taiwan.

寶瓶文化事業有限公司　　收

110台北市信義區基隆路一段180號8樓

8F,180 KEELUNG RD.,SEC.1,

TAIPEI.(110)TAIWAN R.O.C.

（請沿虛線對折後寄回，謝謝）